はじめに

このプリントは、子どもたちが自らアクティブに問題を解き続け、学習できるようになる姿をイメージして生まれました。

どこから手をつけてよいかわからない。問題とにらめっこし、かたまってしまう。

えんぴつを持ってみたものの、いつの間にか他のことに気がいってしまう…。

そんな場面をなくしたい。

子どもは１年間にたくさんのプリントに出会います。できるだけよいプリントに出会ってほしいと思います。

子どもにとってよいプリントとは何でしょうか？

それは、サッとやり始め、ふと気づけばできている。スイスイと上がっていけるエスカレーターのような仕組みのあるプリントです。

「いつのまにか、できるようになった！」「もっと続きがやりたい！」

と、子どもが目をキラキラと輝かせる。そんな子どもたちの姿を思い描いて編集しました。

プリント学習が続かないことには理由があります。また、プリント１枚ができないことには理由があります。

語彙を獲得する必要性や、大人が想像する以上にスモールステップが必要であったり、じっくり考えなければならない問題があったりします。

教科書レベルの問題が解けるために、さまざまなバリエーションの問題を作りました。

「学ぶことが楽しい！」

→「もっとやりたくなる！」

→「続くから、結果が出てくる！」

ぜひ、このプリント集を使ってみてください。

子どもたちがワクワク、キラキラしてプリントに取り組む姿が、目の前で広がりますように。

藤原　光雄

シリーズ全巻の特長

◎幅広く目的に沿った使い方！

○「書くこと」を中心に、知識や表現力をどんどん広げる。
○教科書で学習した内容を読む、理解できる。
○教科書で学習した内容を使う、表現できる。
○教科書で学習した内容を説明できる。

◎国語科６年間の学びをスパイラル化！

国語科６年間の学習内容を、スパイラルを意識して配列しています。
予習や復習、発展的な問題に取り組むなど、ほかの学年の巻も使ってみてください。

このプリントの特長

○はじめの一歩をわかりやすく！

自学にも活用できるように、うすい字でやり方や書き方が書いてあります。
なぞりながら答え方を身につけてください。

○国語感覚から解き方や作文力が身につく！

文字あそびや言葉あそびで、言語に対する習熟を重ね、作文力がつきます。
ワークシートで言葉の冒険を楽しんでみてください。

○さまざまな発想・表現ができる！

答えが一通りではなく、多様な答えがある問題も用意しました。

○文法、語彙の力が身につく！

教科書の学習に合う新出漢字・語彙をさまざまな形式でくり返すことで定着を図ります。

朝学習、スキマ学習、家庭学習など、さまざまな学習の場面で活用できます。

5年生　目次

1 一まいの絵から物語 ①

一まいの絵から、物語の世界を想像《そうぞう》して書きましょう。

名前

いつ？

どこ？

どんな気持ち？

だれ？

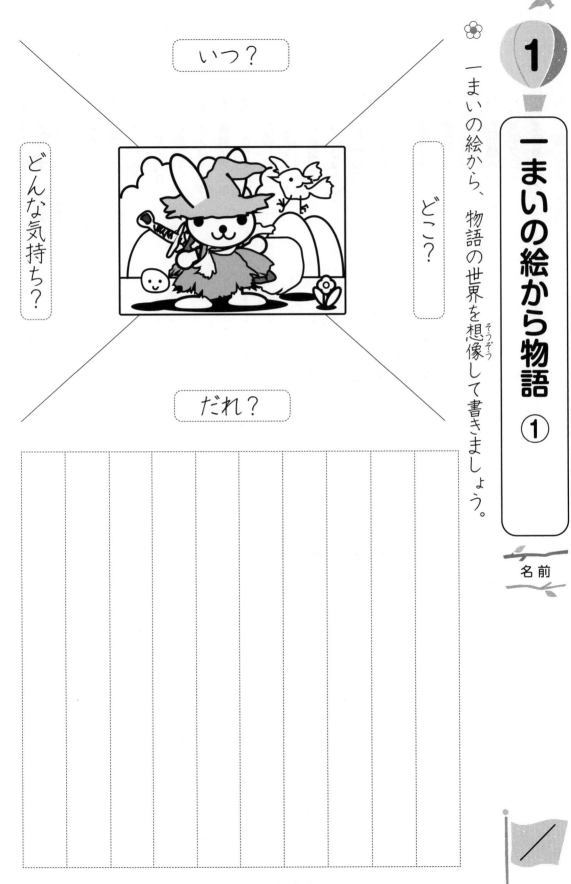

2 一まいの絵から物語 ②

名前

一まいの絵から、物語の世界を想像《そうぞう》して書きましょう。

いつ？

どこ？

どんな気持ち？

だれ？

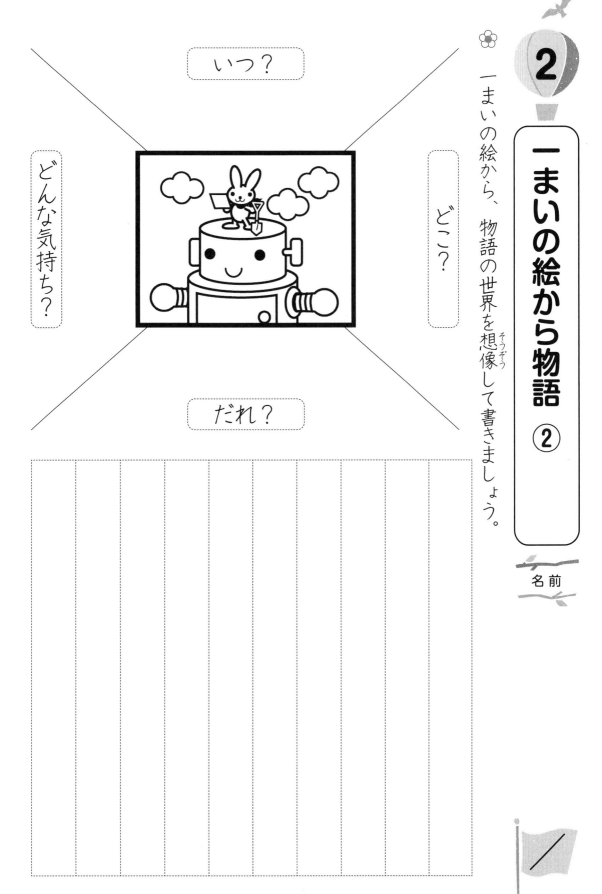

2 発想ツール ①

名前

❀ □の中の言葉を分類しましょう。

飛行機	船	新幹線《しんかんせん》	電車
バス	タクシー	ヘリコプター	自転車

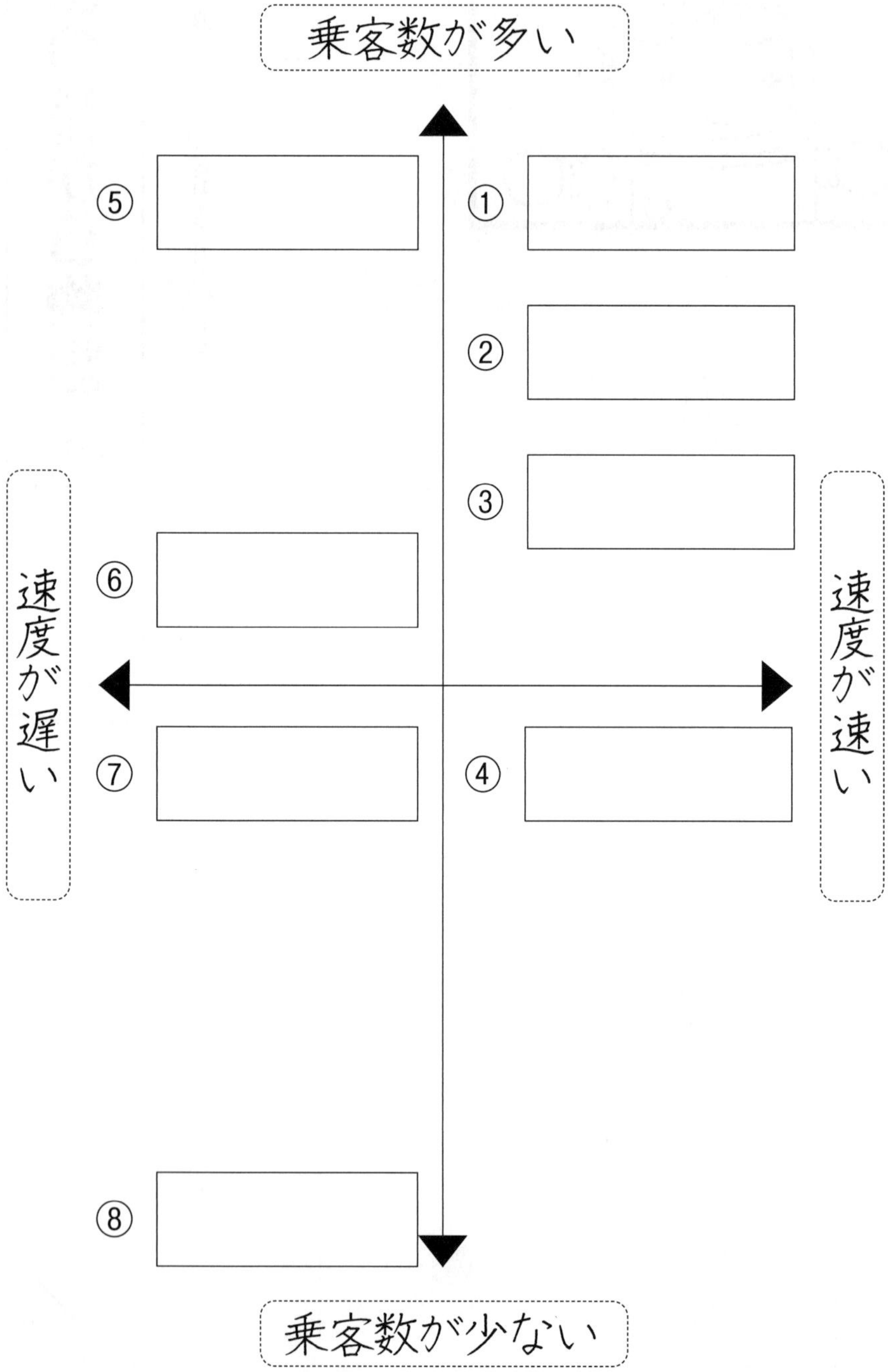

2

発想ツール ②

名前

□の中の言葉を分類しましょう。

ハト	カバ	カツオ	タカ
サバ	カラス	トラ	マグロ
ライオン	タイ	カモメ	ゾウ

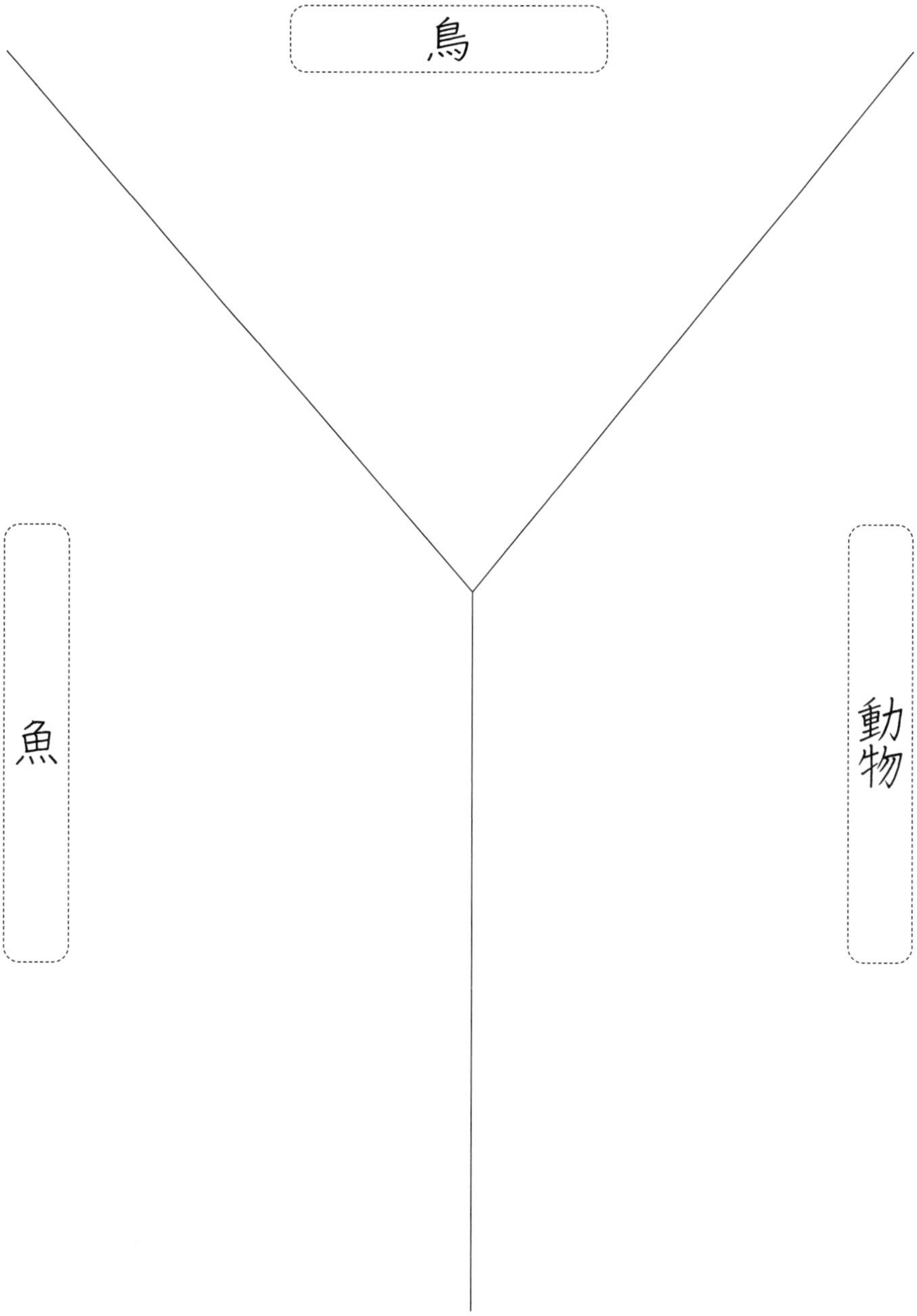

2 発想ツール ③

名前

□の中の言葉を分類しましょう。

ジュースかん	新聞	フライパン
トレイ	ペットボトル	牛にゅうパック
チラシ	なべ	雑《ざっ》し
スプレーかん	ストロー	ビニールぶくろ

金属《きんぞく》

プラスチック

紙

2 発想ツール ④

名前

□の中の言葉を分類しましょう。

キャベツ	緑茶	ダイコン	メロン
イチゴ	バナナ	水	牛にゅう
レタス	リンゴ	こう茶	ニンジン

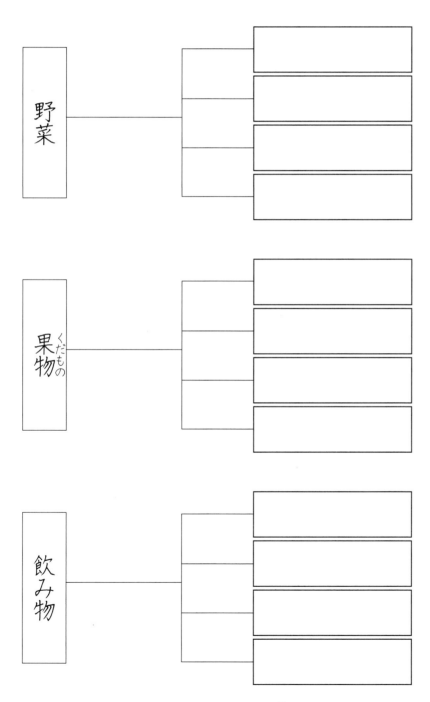

野菜

果物《くだもの》

飲み物

3 どんどん書き！①

お題を見て、思いついた言葉をどんどん書こう！

名前

お題▶ こん虫 といえば？

⑥	⑤	④	③	②	①

⑫	⑪	⑩	⑨	⑧	⑦

時間（　　　　分）　思いついた数（　　　　個《こ》）

3 どんどん書き！②

名前

お題を見て、思いついた言葉をどんどん書こう！

お題▶ 平和 といえば？

⑥	⑤	④	③	②	①

⑫	⑪	⑩	⑨	⑧	⑦

時間（　　　　　分）　思いついた数（　　　　　個《こ》）

4 主語と述語 ①

名前

(1) 何が―どうするの文の述語《じゅつご》を書きましょう。

① 鳥が　飛ぶ。

② 天気が　　。

③ トラが　　。

④ 桜《さくら》が　　。

⑤ 友だちが　　。

⑥ 星が　　。

(2) 何が―どうするの文の主語を書きましょう。

① 雨が　ふる。

② 　が　現《あらわ》れる。

③ 　が　過《す》ぎる。

④ 　が　余《あま》る。

⑤ 　が　慣《な》れる。

⑥ 　が　似《に》る。

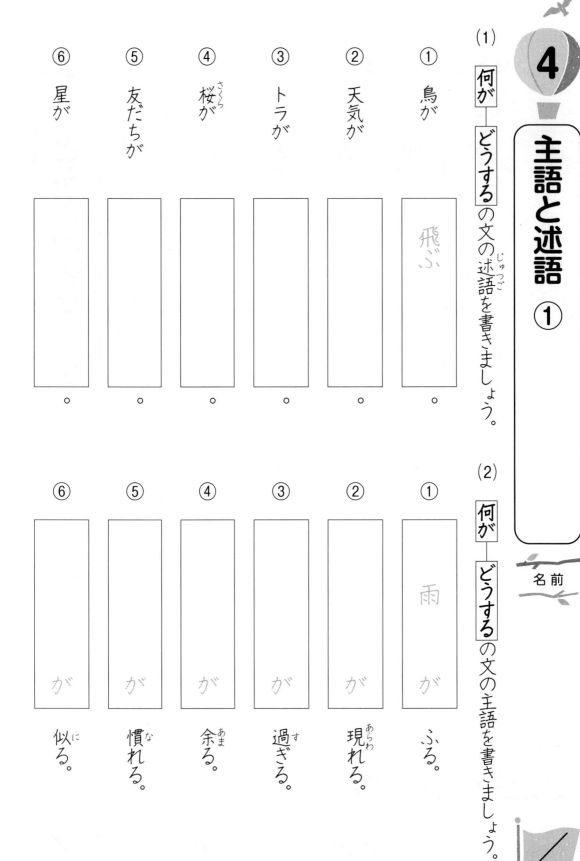

4 主語と述語 ②

名前

(1) 何が―どんなだ の文の述語《じゅつご》を書きましょう。

① 足が　速い　。

② 宿題が　　。

③ 水が　　。

④ 母が　　。

⑤ 父が　　。

⑥ 弟が　　。

(2) 何が―どんなだ の文の主語を書きましょう。

① 野菜が　みずみずしい。

② 　が　すさまじい。

③ 　が　あやしい。

④ 　が　ずうずうしい。

⑤ 　が　あらい。

⑥ 　が　おいしい。

4 主語と述語 ③

名前

(1) 何が―何だ の文の述語《じゅつご》を書きましょう。

① カレーが 好物だ。

② 馬が 　。

③ しば犬が 　。

④ バッタが 　。

⑤ カエルが 　。

⑥ 牛にゅうが 　。

(2) 何が―何だ の文の主語を書きましょう。

① 第一発見者が 犯人《はんにん》だ。

② 　が 海ぞくだ。

③ 　が チャンスだ。

④ 　が 赤だ。

⑤ 　が けい官だ。

⑥ 　が 単位だ。

4 主語と述語 ④ 修飾語

名前

(1) 主語を修飾《しゅうしょく》する言葉を書きましょう。

① [光る] 宝石がある。

② [ ] チョウが飛ぶ。

③ [ ] 太陽がまぶしい。

④ [ ] 宝くじが当たる。

⑤ [ ] プリンはおいしい。

⑥ [ ] 春は来る。

(2) 述語《じゅつご》を修飾する言葉を書きましょう。

① [近所に] ビルが建つ。

② [ ] 飛行機が飛ぶ。

③ 月が [ ] 丸い。

④ 桜《さくら》が [ ] さく。

⑤ [ ] ほのおは燃《も》える。

⑥ [ ] 電車は近づく。

5 オノマトペ作文①

名前

❀ 次のオノマトペに続けて、文を書きましょう。

①

ゴ
ゴ
ゴ
ゴ…

ゴゴゴゴ…

②

ガラ
ガラ
ガラ…

ガラガラガラ…

③

キラ
キラ
キラ…

キラキラキラ…

5 オノマトペ作文 ②

名前

次のオノマトペに続けて、文を書きましょう。

① ぐさっ

ぐさっ

② ぎくっ

ぎくっ

③ ガオー

ガオー

6

体言止め体験 ①

名前

名詞《めいし》（人の名前や、生き物、物のこと）で文が終わるように書きましょう。

〈例〉ボビーは走った。 → 走ったボビー。

① ジョニーは笑った。 ↓ （笑ったジョニー）。

② タマはにげた。 ↓ （　　）。

③ 太陽がのぼる。 ↓ （　　）。

④ ペンギンが羽ばたく。 ↓ （　　）。

⑤ オオカミがほえる。 ↓ （　　）。

名詞で終わる形を体言止めといいます。

6 体言止め体験 ②

名前

名詞《めいし》（人の名前や、生き物、物のこと）で文が終わるように書きましょう。

〈例〉 トーマス は かっこいい。
かっこいい トーマス。

① 富士山《ふじさん》は高い。 → （　　　　）。

② 雪は積もる。 → （　　　　）。

③ 遠足が待ち遠しい。 → （　　　　）。

④ 朝日がまぶしい。 → （　　　　）。

⑤ 熱帯魚が美しい。 → （　　　　）。

7 入れかえ倒置法《とうちほう》①

名前

✿ 主語と述語《じゅつご》を入れかえて文をつくりましょう。

〈例〉 ポメラニアン は かわいい。
　　　かわいい、ポメラニアンは。

① 数学はむずかしい。
↓
（むずかしい、数学は）。

② 問題は山積みだ。
↓
（　　　、　　　は）。

③ ネッシーが現れた。
↓
（　　　、　　　が）。

④ ヨーゼフが立った。
↓
（　　　、　　　が）。

⑤ 赤組が勝った。
↓
（　　　、　　　が）。

7 入れかえ倒置法《とうちほう》 ②

名前

✿ 文の前後を入れかえて文をつくりましょう。

〈例〉 たからくじが当たって、すごくうれしい。

⬅ すごくうれしい、たからくじが当たって。

① 一番好きなのは、ハンバーグだ。

⬅ （　　　　　　　　　　　　）。

② 大切なのは、続けることだ。

⬅ （　　　　　　　　　　　　）。

③ 行動すれば、人生が変わる。

⬅ （　　　　　　　　　　　　）。

8 常体《じょうたい》と敬体 ①

名前

✿ 次の文を、敬体《けいたい》の文（ていねいな言い方。「〜です」「〜ます」）にしましょう。

① 今朝は、とても早く起きた。
↓
今朝は、とても早く起き［ました］。

② 今日は三分で宿題が終わった。
↓
今日は三分で宿題が終わ［　　］。

③ 最後のリレーで一位になった。
↓
最後のリレーで一位にな［　　］。

④ まだ逆転《ぎゃくてん》するチャンスはある。
↓
まだ逆転するチャンスは［　　］。

⑤ あと五回はおかわりできる。
↓
あと五回はおかわりでき［　　］。

⑥ もう二度と会うことはない。
↓
もう二度と会うことは［　　］。

⑦ あなたの質問《しつもん》には答えない。
↓
あなたの質問には答え［　　］。

⑧ 日が落ちても、休まず進んだ。
↓
日が落ちても、休まず進［　　］。

8 常体と敬体《けいたい》 ②

名前

✿ 次の文を、常体《じょうたい》の文（ふつうの言い方。「〜だ」「〜である」）にしましょう。

① 昨日はぐっすりとよくねむれました。
↓
昨日はぐっすりとよくねむれ［　　］。

② 今日は夏休み最後の日です。
↓
今日は夏休み最後の日［　　］。

③ 日曜日にお祭りがありました。
↓
日曜日にお祭りがあ［　　］。

④ 全校の児童にお知らせがあります。
↓
全校の児童にお知らせが［　　］。

⑤ 遠足は雨でも行きます。
↓
遠足は雨でも行［　　］。

⑥ 市民公園まで、遠くありません。
↓
市民公園まで、遠く［　　］。

⑦ 二度と同じまちがいはしません。
↓
二度と同じまちがいはし［　　］。

⑧ なんと、だるまさんが転びました。
↓
なんと、だるまさんが転［　　］。

9 敬語《けいご》のいろいろ①

名前

話す相手や目的にあわせて、次のような言い方をします。なぞりましょう。

種類	尊敬語《そんけいご》	ていねい語	けんじょう語
目的	自分より目上の人をうやまう。	ていねいに話して、相手をうやまう。	自分をへり下って、相手をうやまう。
イメージ			
主語	相手	自分、相手、もの	自分
見る	ごらんになる	見ます	はい見《けん》する
言う	おっしゃる	言います	申し上げる
いく	いらっしゃる	行きます	うかがう まいる
来る	いらっしゃる おこしになる	来ます	うかがう まいる
食べる	めし上がる	食べます	いただく
知る	ごぞんじ	知っています	ぞんじ上げる
聞く	お聞きになる	聞きます	うかがう うけたまわる
する	なさる	します	いたす
思う	思われる	思います	ぞんじる
持つ	お持ちになる	持ちます	お持ちする
待つ	①	待ちます	④
買う	②	買います	⑤
わかる	③	わかりました	⑥

9 敬語《けいご》のいろいろ ②

名前

(1) 尊敬語《そんけいご》の言い方になるように、□に書きましょう。

① 王様が帰った。 → 王様が［帰られた］。

② 王様が話す。 → 王様が［お話しになる］。

③ 王様が告げる。 → 王様が［お告げになる］。

(2) けんじょう語の言い方になるように、□に書きましょう。

① 王様を見送る。 → 王様を［お見送りする］。

② 王様に会う。 → 王様に［お会いする］。

③ 王様を招《まね》く。 → 王様を［お招きする］。

9 敬語《けいご》のいろいろ ③ 尊敬語

名前

尊敬語《そんけいご》の言い方になるように、□から選んで書きましょう。

① 王様が言う。 → 王様が おっしゃる 。
② 王様が食べる。 → 王様が めし上がる 。
③ 王様が見る。 → 王様が ごらんになる 。
④ 王様が来る。 → 王様が いらっしゃる 。
⑤ 王様がする。 → 王様が なさる 。
⑥ 王様が思う。 → 王様が 思われる 。
⑦ 王様が行く。 → 王様が 行かれる 。
⑧ 王様がいる。 → 王様が おられる 。

ごらんになる　思われる　行かれる　いらっしゃる　おっしゃる　めし上がる　なさる　おられる

9 敬《けい》語《ご》のいろいろ④ けんじょう語

名前

✿ けんじょう語の言い方になるように、□から選んで書きましょう。

① 返事を言う。 → 返事を 申し上げる 。

② ケーキを食べる。 → ケーキを いただく 。

③ 手紙を見る。 → 手紙を はい見する 。

④ おみやげをあげる。 → おみやげを さし上げる 。

⑤ 返答をする。 → 返答を いたします 。

⑥ うれしく思う。 → うれしく ぞんじます 。

⑦ 話を聞く。 → 話を うかがう 。

⑧ 会場へ行く。 → 会場へ まいる 。

ぞんじます　うかがう　いただく　はい見《けん》する　申し上げる　さし上げる　いたします　まいる

10 言葉の仲間分け ①

名前

✿ 次の□の中の言葉を仲間分けしましょう。

速い　パン　スイカ　あまい　わる
フランス　行く　遠い　おいしい　食べる
風　ふく　強い　一年生　笑う
新しい　黒い　飛ぶ　バス　乗る
からす　うさぎ　白い　はねる

名詞《めいし》	動詞《どうし》	形容詞《けいようし》
ものの名前を表す言葉	動きを表す言葉	ものの様子を表す言葉
うさぎ	はねる	白い

10 言葉の仲間分け ②

名前

次の□の中の言葉を仲間分けしましょう。

強い　ケロケロ　不思議だ　正しい　きれいだ
ガタガタ　りっぱだ　美しい　すずしい　ずっしり
明るい　静かだ　めっきり　まぶしい　なごやかだ
ぼろぼろ　近い　幸せだ　ぐんぐん　みごとだ
ぐっすり　元気だ　ゆっくり　赤い

形容詞《けいようし》		形容動詞《けいようどうし》		副詞《ふくし》	
ものの様子を表す言葉		ものごとの性質《せいしつ》や状態《じょうたい》を表す言葉		ものごとの動き・状態・程度《ていど》をくわしく表す言葉	
赤い	美しい	元気だ	りっぱだ	ゆっくり	ガタガタ

11 文の分解 ①

名前

✿ 次の文を、「その」を使って二つの文に分けましょう。

〈例〉じいさまが作ったかさが売れた。

① じいさまがかさを作った。

② そのかさが売れた。

(1) わたしが植えたゴーヤーが実った。

① (　　　　　　　　を　　　　　　　　)。

② (　　　　　　　　が　　　　　　　　)。

(2) わたしが書いた作文が入賞した。

① (　　　　　　　　を　　　　　　　　)。

② (　　　　　　　　が　　　　　　　　)。

11 文の分解 ②

名前

❀ 次の文を、「その」を使って二つの文に分けましょう。

〈例〉 お母さんが焼いたパンが売れまくった。

① お母さんがパンを焼いた。

② そのパンが売れまくった。

(1) わたしが育てたドラゴンが空を飛んだ。

① （　　　　を　　　　）。

② （　　　　が　　　　）。

(2) ボビーが作った歌が大ヒットした

① （　　　　を　　　　）。

② （　　　　が　　　　）。

12 漢字の部首 ①

名前

✿ 次の部首の名前を、□から選んで書きましょう。

① 宀
② 走
③ 殳
④ ⻗
⑤ 辶
⑥ 隹
⑦ 艹
⑧ 灬
⑨ 頁
⑩ ⺮
⑪ 心
⑫ 阝
⑬ 穴
⑭ 亠
⑮ 卩

うかんむり	なべぶた	しんにょう	あなかんむり	ふるとり
くさかんむり	たけかんむり	こころ	るまた	ふしづくり
そうにょう	あめかんむり	れっか	おおがい	おおざと

12 漢字の部首 ②

名前

✿ 次の部首の名前を、□から選んで書きましょう。

① 衤
② 扌
③ 金
④ ネ
⑤ 禾
⑥ 言
⑦ 氵
⑧ 木
⑨ 廴
⑩ 冫
⑪ 阝
⑫ 門
⑬ 亻
⑭ 彳
⑮ 囗

ころもへん　しめすへん　さんずい　にすい　ぎょうにんべん

てへん　のぎへん　きへん　こざとへん　にんべん

かねへん　ごんべん　おいかんむり　もんがまえ　くにがまえ

12 漢字の部首 ③

名前

❀ 次の部首の名前を、[ ]から選んで書きましょう。

① 食

② 土

③ 攵

④ 糸

⑤ 厂

⑥ 欠

⑦ 月

⑧ 广

⑨ 又

⑩ 火

⑪ 疒

⑫ 刀

⑬ 米

⑭ 寸

⑮ 刂

しょくへん　いとへん　にくづき　ひへん　こめへん
つちへん　がんだれ　まだれ　やまいだれ　すん
のぶん　かける　また　かたな　りっとう

12 漢字の部首 ④

名前

次の部首の漢字を完成させましょう。

① 攵
② 殳
③ 糸
④ 囗
⑤ 衤
⑥ 扌
⑦ 广
⑧ 欠
⑨ 隹
⑩ 宀
⑪ 走
⑫ 礻
⑬ 禾
⑭ 食
⑮ 又
⑯ 頁
⑰ ⻗
⑱ 辶
⑲ 氵
⑳ 木
㉑ 石
㉒ 刀
㉓ 阝
㉔ 艹
㉕ 灬
㉖ 冫
㉗ 阝
㉘ 月
㉙ 力
㉚ 卩
㉛ ⺮
㉜ 心
㉝ 彳
㉞ 金
㉟ 火
㊱ 刂
㊲ 寸
㊳ 穴
㊴ 亠
㊵ 亻
㊶ 言
㊷ 米

13 訓読み漢字 ①

名前

訓読みする漢字を正しく書きましょう。送りがながあるものは送りがなも正しく書きましょう。

① まかせる 任せる

② （問題を）とく

③ ふせぐ

④ あらわれる 現れる

⑤ もす

⑥ まずしい

⑦ （うさぎを）かう

⑧ （心に）とまる

⑨ うつる

⑩ にる

⑪ ゆるす

⑫ やさしい

⑬ なさけ

⑭ （学業を）おさめる

⑮ こな（薬）

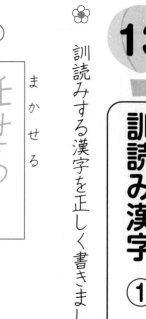

13 訓読み漢字 ②

名前

訓読みする漢字を正しく書きましょう。送りがながあるものは送りがなも正しく書きましょう。

① かこむ　囲む
② つね
③ かまえる
④ つげる
⑤ のべる
⑥ はか
⑦ たしかめる
⑧ ある
⑨ すぎる
⑩ そなえる
⑪ ささえる
⑫ みき
⑬ （期待に）こたえる
⑭ （会社経営《けいえい》を）まかす
⑮ まぜる

13 訓読み漢字 ③

名前

訓読みする漢字を正しく書きましょう。送りがながあるものは送りがなも正しく書きましょう。

① はかる　測る

② こやす

③ （ズボンが）やぶれる

④ （本を）かす

⑤ あばれる

⑥ える

⑦ こむ

⑧ あむ

⑨ いる

⑩ もうける

⑪ たやす

⑫ さくら

⑬ あつい（板）

⑭ （木の根が）はる

⑮ （年月を）へる

13 訓読み漢字 ④

名前

訓読みする漢字を正しく書きましょう。送りがながあるものは送りがなも正しく書きましょう。

① しめす

② ふえる

③ あまる

④ さからう

⑤ まよう

⑥ ほとけ

⑦ くらべる

⑧ ひとり　独り

⑨ （主役を）つとめる

⑩ すごす

⑪ ゆめ

⑫ （皿に）うつす

⑬ いきおい

⑭ （立ち）よる

⑮ つみ

13 訓読み漢字 ⑤

名前

訓読みする漢字を正しく書きましょう。送りがながあるものは送りがなも正しく書きましょう。

① こころざす

② たもつ

③ そなわる

④ ながい　永い

⑤ たしか

⑥ さかい

⑦ ひさしい

⑧ かまう

⑨ ぬの

⑩ いとなむ

⑪ ことわる

⑫ へらす

⑬ つま

⑭ (薬が)きく

⑮ ふたたび

13 訓読み漢字 ⑥

名前

／

✿ 訓読みする漢字を正しく書きましょう。送りがながあるものは送りがなも正しく書きましょう。

① ます

② きずく

③ （友だちを）すくう

④ かぎる

⑤ かり（住まい）

⑥ （頭角を）あらわす

⑦ せめる

⑧ まじる

⑨ こえる

⑩ （なぞが）とける

⑪ ひたい

⑫ よろこぶ

⑬ （はたを）おる

⑭ ころす

⑮ なれる

13 訓読み漢字 ⑦

名前

訓読みする漢字を正しく書きましょう。送りがながあるものは送りがなも正しく書きましょう。

① (庭園を)つくる

② たがやす

③ (山菜を)とる

④ たつ　絶つ

⑤ (ボタンを)とめる

⑥ ゆたか

⑦ わた

⑧ けわしい

⑨ こころよい

⑩ えだ

⑪ かた(紙)

⑫ もやす

⑬ (約束を)やぶる

⑭ さかさま

⑮ ひきいる

13 訓読み漢字 ⑧

名前

✿ 訓読みする漢字を正しく書きましょう。送りがながあるものは送りがなも正しく書きましょう。

① こころざし

② (体を)ならす

③ よせる

④ みちびく

⑤ へる(少なくなる)

⑥ (周りを)かこう

⑦ ふやす

⑧ まねく

⑨ (人通りが)たえる

⑩ つとまる

⑪ かわ　河

⑫ (持て)あます

⑬ まざる

⑭ もえる

⑮ こやし

14 書き分け同音異義語《どうおんいぎご》①

名前

同じ読みをする漢字を正しく書きましょう。

① （こうさく）
㋐ 図画 工作。
㋑ 田畑を 耕作。

③ （かいとう）
㋐ テストの □□。
㋑ 質問《しつもん》の □□。

⑤ （ほけん）
㋐ 体育と □□。
㋑ 地しんの □□。

② （こうえん）
㋐ 人前で 講演。
㋑ ピアノの □□。

④ （しょうたい）
㋐ 犯人《はんにん》の □□。
㋑ 家へ □□。

⑥ （さいかい）
㋐ お店を □□。
㋑ 友と □□。

14 書き分け同音異義語《どうおんいぎご》 ②

名前

同じ読みをする漢字を正しく書きましょう。

① ㋐ ①と④ 以外《いがい》。

㋑ なんと 意外。

③ ㋐ 対象《たいしょう》は小学生だ。

㋑ □□的な黒と白。

⑤ ㋐ □□《さいしん》モデル。

㋑ □□の注意。

② ㋐ 家庭にとどく □□《でんき》。

㋑ えらい人の □□。

④ ㋐ 新記録に □□《きたい》。

㋑ 酸素《さんそ》は □□。

⑥ ㋐ □□《せいし》の分かれ目。

㋑ □□した画面。

14 書き分け同音異義語《どうおんいぎご》③

名前

✿ 同じ読みをする漢字を正しく書きましょう。

じどう

① ㋐ 全校 児童 。

㋑ ドアが 自動 。

ぞうか

② ㋐ 人口が □□ 。

㋑ この花は □□ 。

しゅうかん

③ ㋐ 愛鳥 □□ 。

㋑ 毎日の □□ 。

たいせい

④ ㋐ 受け入れ □□ 。

㋑ 有利な □□ 。

きょうりょく

⑤ ㋐ みんなで □□ 。

㋑ 電波が □□ 。

ぼうふう

⑥ ㋐ □□ けい報。

㋑ □□ のための木。

14

書き分け同《どう》音《おん》異《い》義《ぎ》語《ご》 ④

名前

同じ読みをする漢字を正しく書きましょう。

① てんこう

㋐ 天候は晴れ。

㋑ 転校する友。

③ こうか

㋐ □□が出る。

㋑ □□なほう石。

⑤ しんこう

㋐ □□を任《まか》せる。

㋑ □□を深める。

② こうぶつ

㋐ □□の鉄。

㋑ □□はカレー。

④ しじ

㋐ □□を出す。

㋑ □□者は百人。

⑥ しりょう

㋐ □□を調べる。

㋑ □□を牛にやる。

15 特別な読み方 ①

名前

✿ 特別な読み方をする言葉（熟《じゅく》字《じ》訓《くん》）の読みを正しく書きましょう。

① 明日（　　　）
② 時計（　　　）
③ 一人（　　　）
④ 昨日（　　　）
⑤ 一日（　　　）
⑥ 二人（　　　）
⑦ 今日（　　　）
⑧ 二日（　　　）
⑨ 大人（　　　）
⑩ 今年（　　　）
⑪ 二十日（　　　）
⑫ 母さん（　　　）
⑬ 今朝（　　　）
⑭ 七夕（　　　）
⑮ 父さん（　　　）

／

15 特別な読み方 ②

特別な読み方をする言葉（熟字訓《じゅくじくん》）の読みを正しく書きましょう。

① 友達（　　）

② 部屋（　　）

③ 川原（　　）

④ 兄さん（　　）

⑤ 八百屋（　　）

⑥ 真面目（　　）

⑦ 姉さん（　　）

⑧ 果物（　　）

⑨ 真っ赤（　　）

⑩ 迷子（　　）

⑪ 景色（　　）

⑫ 真っ青（　　）

⑬ 手伝う（　　）

⑭ 清水（　　）

⑮ 上手（　　）

名前

／

16 意味読み四字熟語 ①

名前

✿ 四字熟語《よじじゅくご》と、その意味を線で結びましょう。

① 意気投合《いきとうごう》 ・　　・ ㋐ 一生に一度しかない大切な出会いのこと。

② 以心伝心《いしんでんしん》 ・　　・ ㋑ 始めから終わりまで。

③ 一期一会《いちごいちえ》 ・　　・ ㋒ 考えや思いが、ぴったりと合うこと。

④ 一部始終《いちぶしじゅう》 ・　　・ ㋓ 口に出さなくても気持ちが相手に通じること。

⑤ 一心不乱《いっしんふらん》 ・　　・ ㋔ 昔のことを研究して、新しい考え方などを学ぶこと。

⑥ 一致団結《いっちだんけつ》 ・　　・ ㋕ 美しい景色《けしき》のこと。

⑦ 温故知新《おんこちしん》 ・　　・ ㋖ 一つのことに集中すること。

⑧ 花鳥風月《かちょうふうげつ》 ・　　・ ㋗ 多くの人びとが一つの目的に向かっていっしょに行動すること。

16 意味読み四字熟語 ②

名前

四字熟語《よじじゅくご》と、その意味を線で結びましょう。

① 品行方正《ひんこうほうせい》 ・　　・ ㋐ 始めから終わりまで態度《たいど》をつらぬき通すこと。

② 善因善果《ぜんいんぜんか》 ・　　・ ㋑ 気持ちをすっかりいい方向にきりかえること。

③ 起死回生《きしかいせい》 ・　　・ ㋒ 後がない状態《じょうたい》を救って立ち直らせること。

④ 適材適所《てきざいてきしょ》 ・　　・ ㋓ 何度失敗しても、また立ち上がって努力すること。

⑤ 心機一転《しんきいってん》 ・　　・ ㋔ 心や行いが正しい様子。

⑥ 七転八起《しちてんはっき》 ・　　・ ㋕ 理くつを言わずに、だまって行動すること。

⑦ 終始一貫《しゅうしいっかん》 ・　　・ ㋖ よい行いには、よい結果がおとずれること。

⑧ 不言実行《ふげんじっこう》 ・　　・ ㋗ ふさわしい地位や場所に配置すること。

17 漢字クロス ①

名前

✿ 矢印の向きに熟語《じゅくご》ができます。□に漢字を書きましょう。

①

出 ↓ □
在 ← □ → 代
□ ↓ 実

②

実 ↓ □
事 → □ → 度
□ ↑ 生

③

校 ↓ □
宿 → □ ← 駅
□ ↑ 兵

④

辞 ↓ □
責 → □ → 務
□ ↓ 命

⑤

実 ↓ □
国 → □ → 限
□ ↑ 手

⑥

犬 ↑ □
料 ← □ → 育
□ ↓ 主

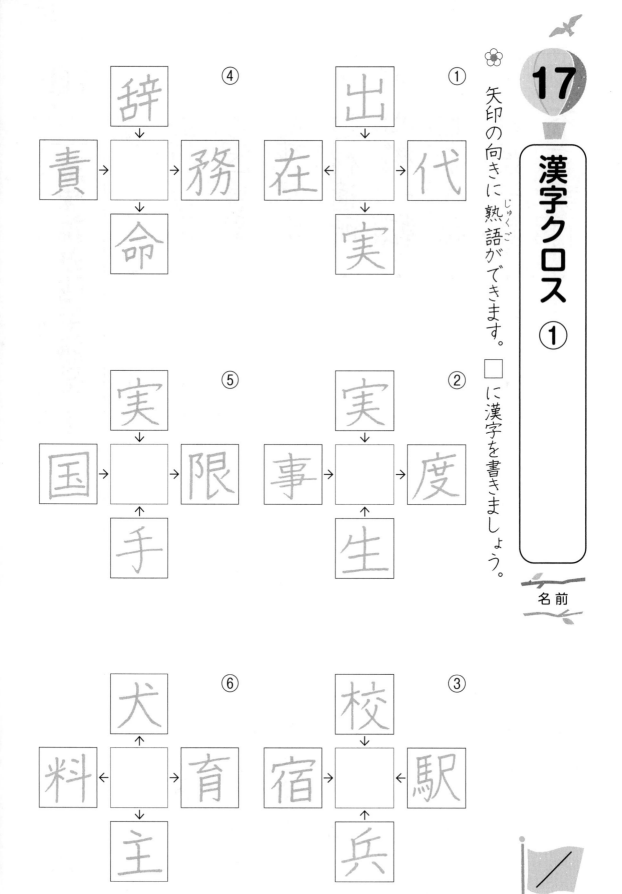

17 漢字クロス②

矢印の向きに熟語《じゅくご》ができます。□に漢字を書きましょう。

名前

①
感 ↓ □
心 → □ → 報
□ ↓ 景

②
印 ↓ □
気 → □ → 形
□ ↑ 現

③
競 ↓ □
演 → □ → 術
□ ↓ 能

④
本 ↓ □
規 → □ → 式
□ ↑ 合

⑤
実 ↓ □
仏 → □ ← 映
□ ↑ 想

⑥
正 ↓ □
理 → □ → 答
□ ↓ 説

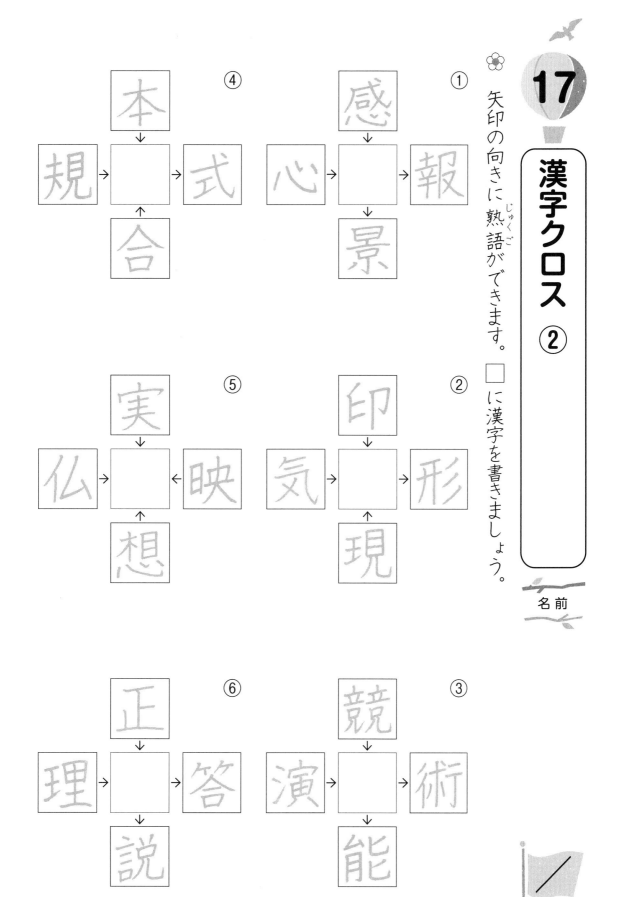

17 漢字クロス ③

名前

✿ 矢印の向きに熟語《じゅくご》ができます。□に漢字を書きましょう。

①

		写		
		↑		
合	←	□	→	式
		↓		
		数		

②

		特		
		↓		
否	←	□	→	可
		↓		
		容		

③

		貨		
		↑		
線	←	□	→	山
		↓		
		像		

④

		手		
		↓		
芸	→	□	←	話
		↓		
		中		

⑤

		復		
		↓		
行	←	□	→	味
		↓		
		奮		

⑥

		不		
		↓		
能	←	□	→	視
		↓		
		決		

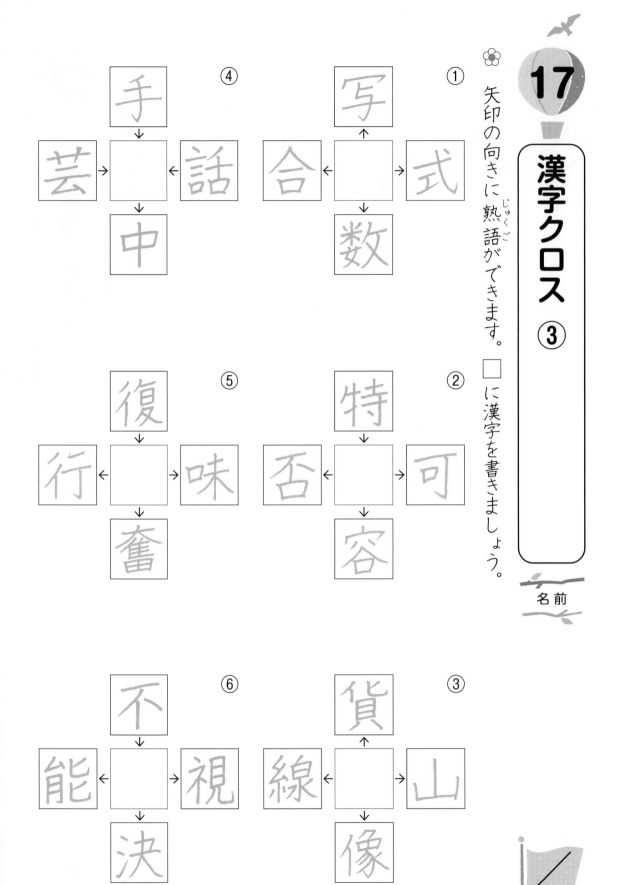

17 漢字クロス④

名前

❀ 矢印の向きに熟語《じゅくご》ができます。□に漢字を書きましょう。

①
復
↑
正 ← □ → 行
↓
理

②
点
↓
定 ← □ → 査
↓
印

③
予
↓
報 → □ → 示
↓
白

④
往
↓
回 → □ → 活
↓
習

⑤
消
↓
予 → □ → 犯
↓
災

⑥
転
↓
行 ← □ → 住
↓
動

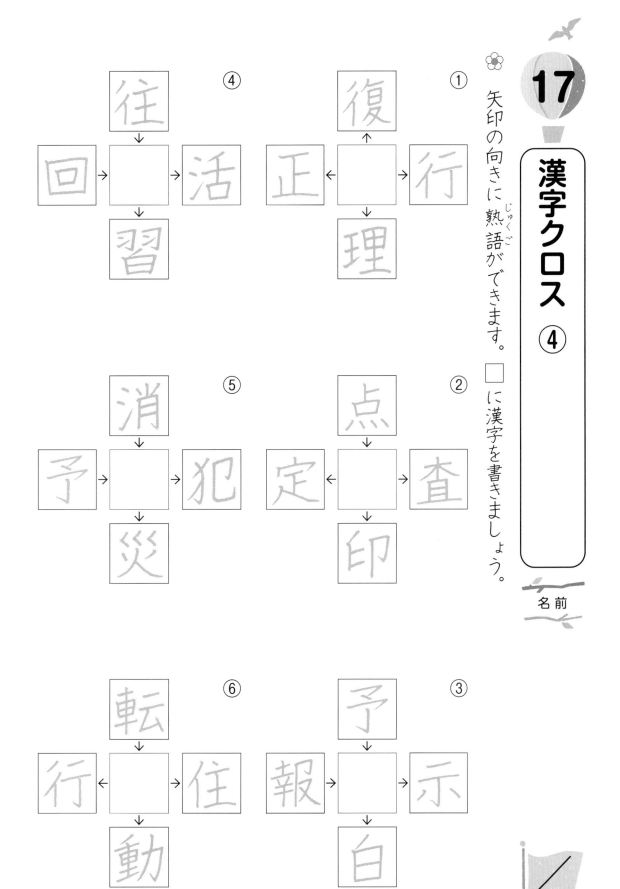

17 漢字クロス ⑤

矢印の向きに熟語《じゅくご》ができます。□に漢字を書きましょう。

名前

①
金 → □
受 → □ → 品
□ → 状

②
正 → □
的 → □ → 実
□ → 立

③
予 → □
道 ← □ → 告
□ → 復

④
貿 → □
安 → □ ← 容
□ → 者

⑤
本 → □
材 → □ → 問
品 → □

⑥
内 → □
許 → □ → 器
□ → 量

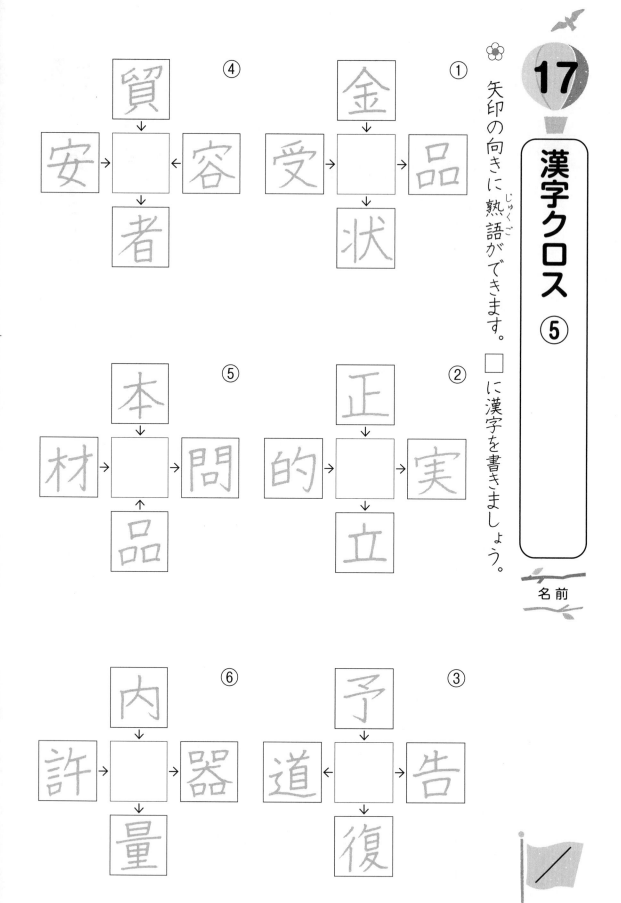

17 漢字クロス ⑥

名前

❀ 矢印の向きに熟語《じゅくご》ができます。□に漢字を書きましょう。

①

	準	
	↓	
常 →	□	→ 品
	↑	
	予	

②

	大	
	↓	
氷 →	□	→ 口
	↑	
	銀	

③

	用	
	↑	
度 ←	□	→ 切
	↓	
	任	

④

	意	
	↓	
知 →	□	← 常
	↓	
	別	

⑤

	反	
	↓	
急 ←	□	→ 用
	↑	
	対	

⑥

	実	
	↓	
存 →	□	← 現
	↓	
	庫	

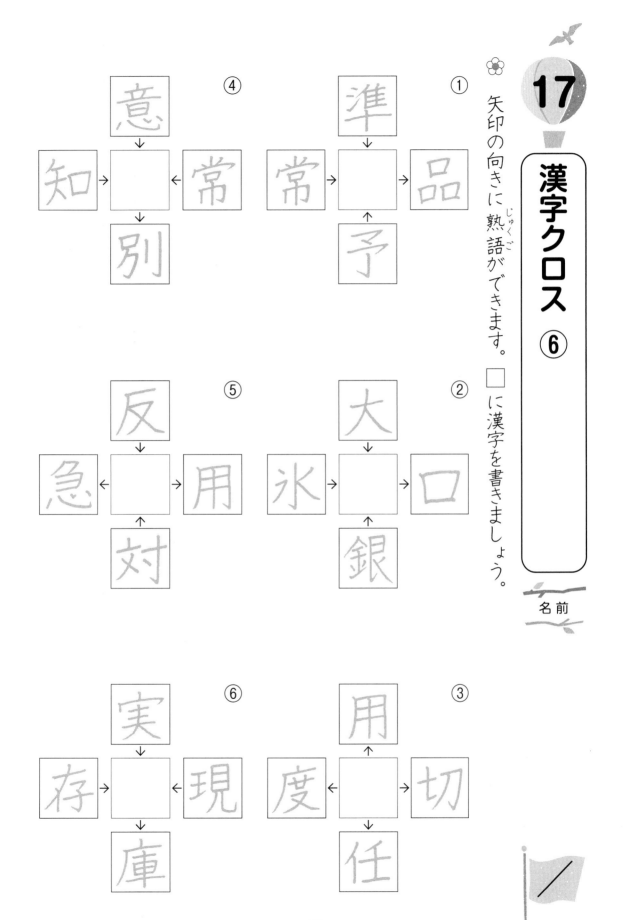

17 漢字クロス ⑦

名前

✿ 矢印の向きに熟語《じゅくご》ができます。□に漢字を書きましょう。

①

	経	
	↓	
通 →	□	→ 去
	↓	
	失	

②

	予	
	↓	
観 →	□	→ 定
	↑	
	計	

③

	解	
	↓	
句 ←	□	→ 止
	↓	
	断	

④

	火	
	↓	
防 →	□	← 天
	↓	
	害	

⑤

	基	
	↓	
根 →	□	→ 部
	↓	
	線	

⑥

	複	
	↓	
混 →	□	→ 感
	↓	
	木	

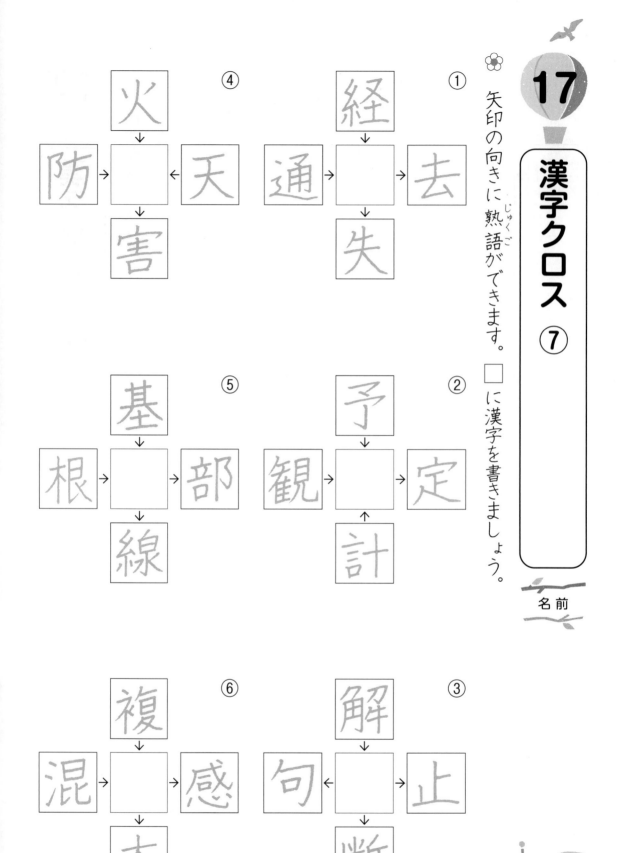

17 漢字クロス ⑧

名前

矢印の向きに熟語《じゅくご》ができます。□に漢字を書きましょう。

①

上：非 ↓
左：備 ← □ → 識：右
下：↓ 設

②

上：塩 ↓
左：炭 → □ → 性：右
下：↓ 素

③

上：建 ↓
左：計 ← □ → 置：右
下：↓ 備

④

上：所 ↓
左：金 → □ ← 付：右
下：↓ 性

⑤

上：投 ↓
左：源 ← □ → 材：右
下：↓ 格

⑥

上：質 ↓
左：行 ← □ → 数：右
下：↓ 材

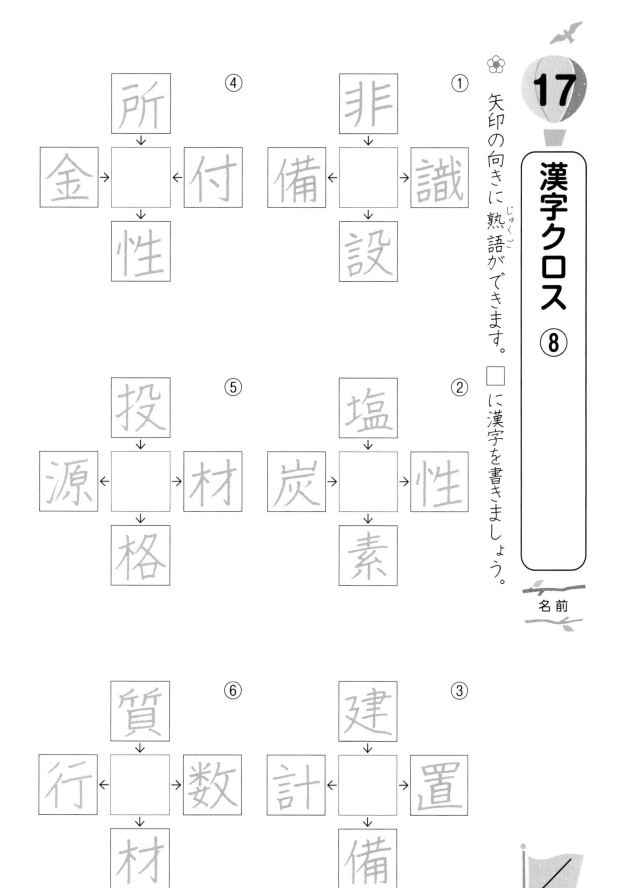

17 漢字クロス ⑨

名前

矢印の向きに熟語《じゅくご》ができます。□に漢字を書きましょう。

①

地
↑
紙 ← □ → 手
↓
着

②

保
↓
守 ← □ → 学
↓
年

③

局
↑
読 → □ → 格
↓
産

④

統
↑
計 ← □ → 会
↓
合

⑤

利
↑
発 ← □ → 飲
↓
言

⑥

根
↓
望 ← □ → 景
↓
対

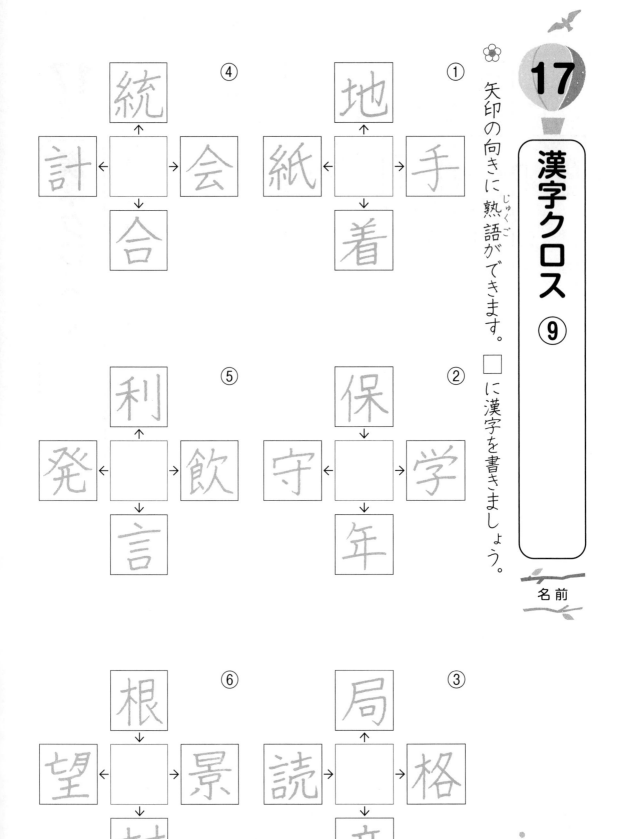

17

漢字クロス ⑩

矢印の向きに熟語《じゅくご》ができます。□に漢字を書きましょう。

名前

①
転↓
住→□→間
新↑

②
神↓
費←□→度
験↓

③
大↓
多→□→力
形↑

④
鉄↓
品←□→糸
造↓

⑤
指↓
表→□←暗
明↑

⑥
対↓
重←□→例
率↓

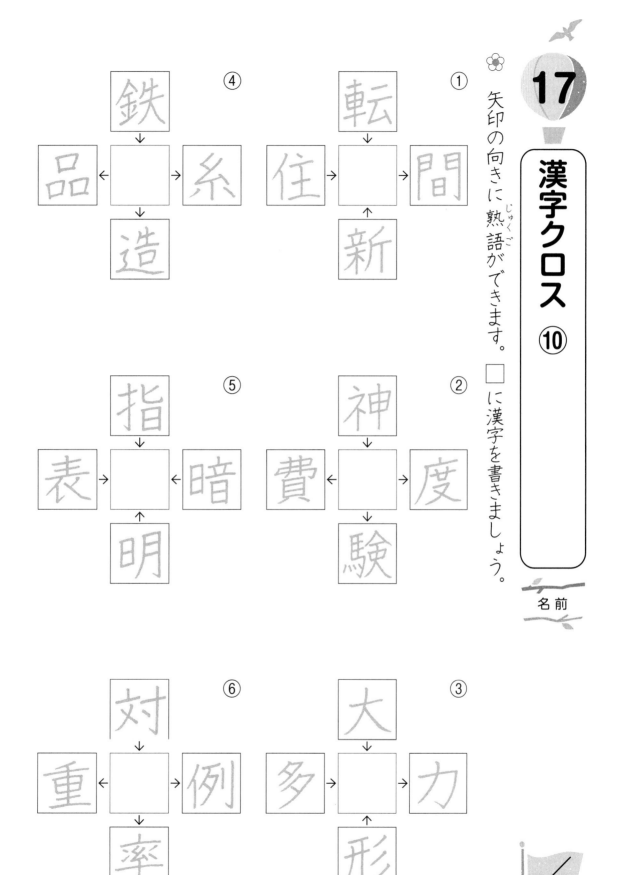

17 漢字クロス ⑪

名前

矢印の向きに熟語《じゅくご》ができます。□に漢字を書きましょう。

①

経
↓
然 ← □ → 代
↓
史

②

内
↓
業 ← □ → 場
↓
員

③

生
↑
進 ← □ → 宿
↓
付

④

混
↓
信 ← □ → 宮
↓
路

⑤

単
↓
断 ← □ → 立
↓
自

⑥

各
↓
室 ← □ → 人
↓
性

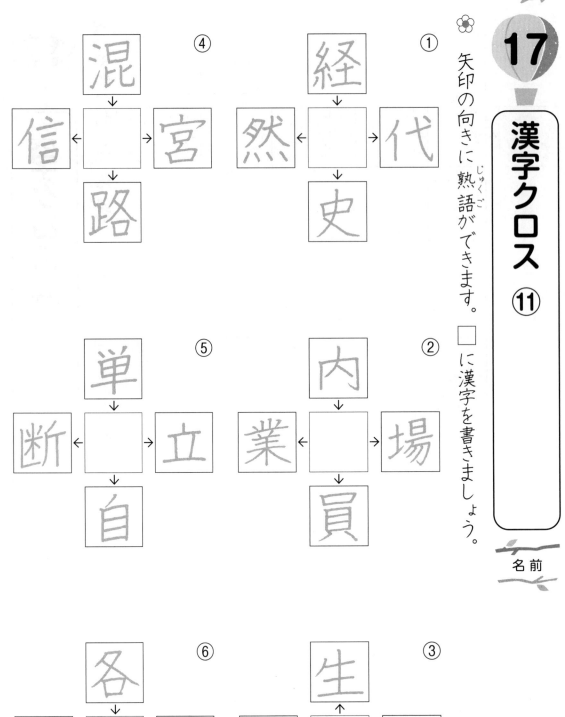

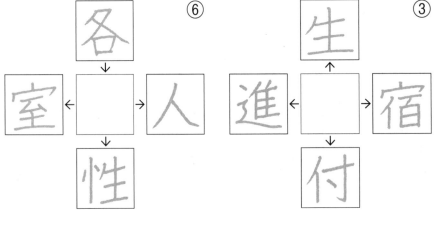

郵 便 は が き

料金受取人払郵便

大阪北局
承 認
247

差出有効期間
2024年5月31日まで
※切手を貼らずに
お出しください。

5 3 0 - 8 7 9 0

1 5 4

大阪市北区兎我野町15－13
ミユキビル

フォーラム・A
愛読者係 行

愛読者カード ご購入ありがとうございます。

フリガナ お名前		性別	男 ・ 女
		年齢	歳
TEL FAX	(　　)	ご職業	
ご住所	〒　　ー		
E-mail	@		

ご記入いただいた個人情報は、当社の出版の参考にのみ活用させていただきます。
第三者には一切開示いたしません。

□学力がアップする教材満載のカタログ送付を希望します。

●ご購入書籍・プリント名

●ご購入店舗・サイト名等（　　　　　　　　　　　　　　　　　　）

●ご購入の決め手は何ですか？（あてはまる数字に○をつけてください。）

1．表紙・タイトル　2．中身　3．価格　4．SNSやHP
5．知人の紹介　6．その他（　　　　　　　　　　　　）

●本書の内容にはご満足いただけたでしょうか？（あてはまる数字に○をつけてください。）

たいへん満足　5　4　3　2　1　不満

●本書の良かったところや改善してほしいところを教えてください。

●ご意見・ご感想、本書の内容に関してのご質問、また今後欲しい商品のアイデアがありましたら下欄にご記入ください。

ご協力ありがとうございました。

★ご感想を小社HP等で匿名でご紹介させていただく場合もございます。　□可　□不可

★おハガキをいただいた方の中から抽選で10名様に2,000円分の図書カードをプレゼント！
当選の発表は、賞品の発送をもってかえさせていただきます。

17 漢字クロス ⑫

名前

❀ 矢印の向きに熟語《じゅくご》ができます。□に漢字を書きましょう。

①

		念		
		↓		
具	←	□	→	像
		↓		
		教		

②

		先		
		↓		
始	→	□	→	母
		↓		
		父		

③

		住		
		↑		
眠	←	□	→	遠
		↓		
		久		

④

		白		
		↑		
計	←	□	→	分
		↓		
		興		

⑤

		着		
		↓		
開	→	□	→	科
		↑		
		複		

⑥

		感		
		↓		
絶	←	□	→	罪
		↓		
		礼		

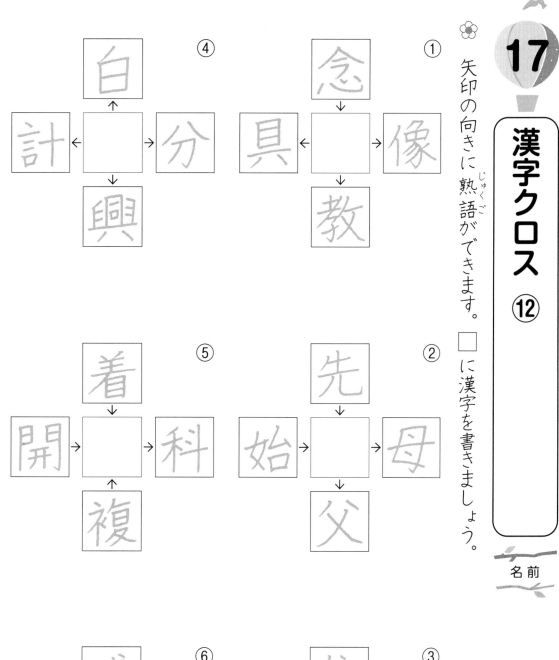

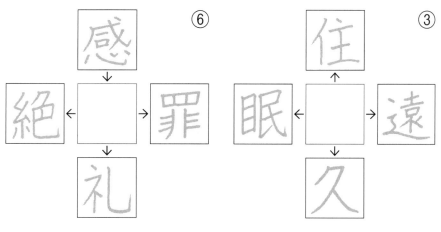

17 漢字クロス ⑬

名前

✿ 矢印の向きに熟語《じゅくご》ができます。□に漢字を書きましょう。

①
力 ↑ □
米 ← □ → 神
□ ↓ 通

②
現 ↓ □
賞 → □ ← 形
□ ↓ 態

③
過 ↓ □
規 → □ → 度
日 ↑ □

④
運 ↓ □
経 → □ ← 自
□ ↓ 業

⑤
育 ↑ □
護 ← □ → 健
□ ↓ 管

⑥
案 ↓ □
事 → □ ← 用
条 ↑ □

17 漢字クロス ⑭

名前

✿ 矢印の向きに熟語《じゅくご》ができます。□に漢字を書きましょう。

①

小 → □ → 定
□ → 明
□ → 断

②

加 → □ → 算
半 → □ → 少

③

□ → 減
□ → 量
□ → 水
□ → 加

④

好 → □ → 価
総 → □ → 判

⑤

□ → 目
□ ← 国
逆 → □ → 界

⑥

養 → □ → 岸
弁 → □ → 身

／

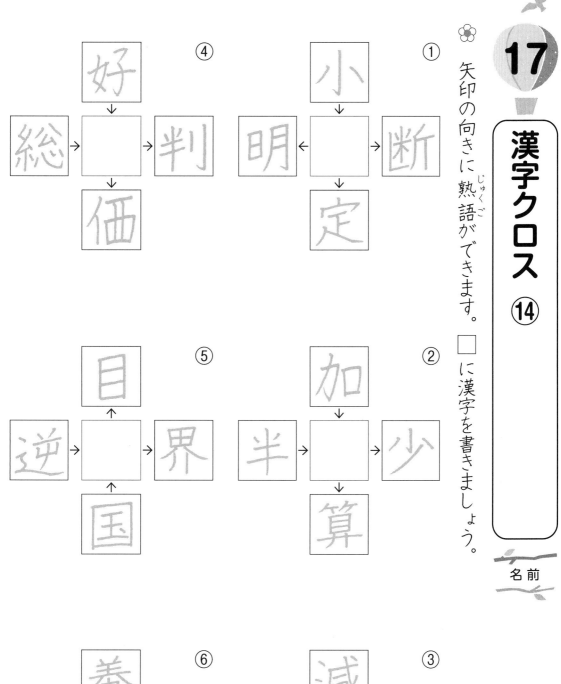

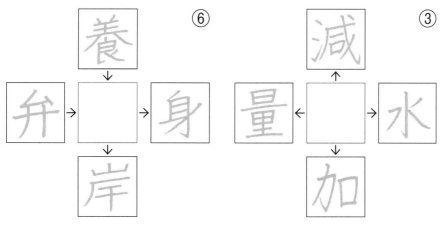

17

漢字クロス ⑮

名前

✿ 矢印の向きに熟語《じゅくご》ができます。□に漢字を書きましょう。

①
重 → □
□ → 任
□ → 務
自 → □

②
教 → □
伝 → □
□ → 業
□ → 賞

③
組 → □
手 → □
□ → 物
□ → 目

④
期 → □
門 → □
極 → □
□ → 定

⑤
平 → □
□ → 一
□ → 等
□ → 質

⑥
山 → □
文 → □
人 → □
動 → □

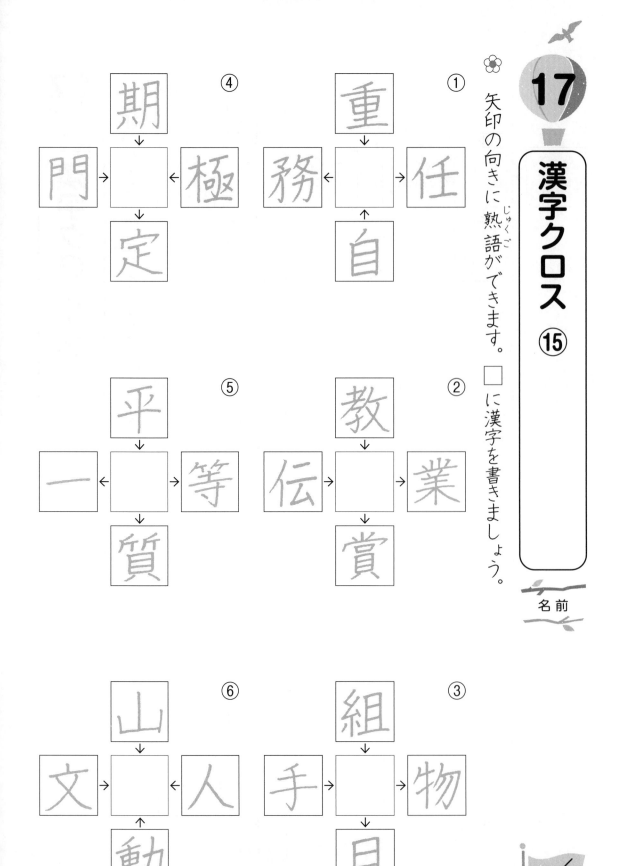

17

漢字クロス ⑯

名前

❀ 矢印の向きに熟語《じゅくご》ができます。□に漢字を書きましょう。

①
定 ↑
眠 ← □ → 面
↓ 説

②
事 ↓
国 ← □ → 意
↓ 人

③
化 ↑
血 → □ → 状
↓ 体

④
調 ↑
地 ← □ → 点
↓ 本

⑤
直 ↓
間 → □ → 種
↓ 続

⑥
定 ↓
法 → □ → 定
↓ 則

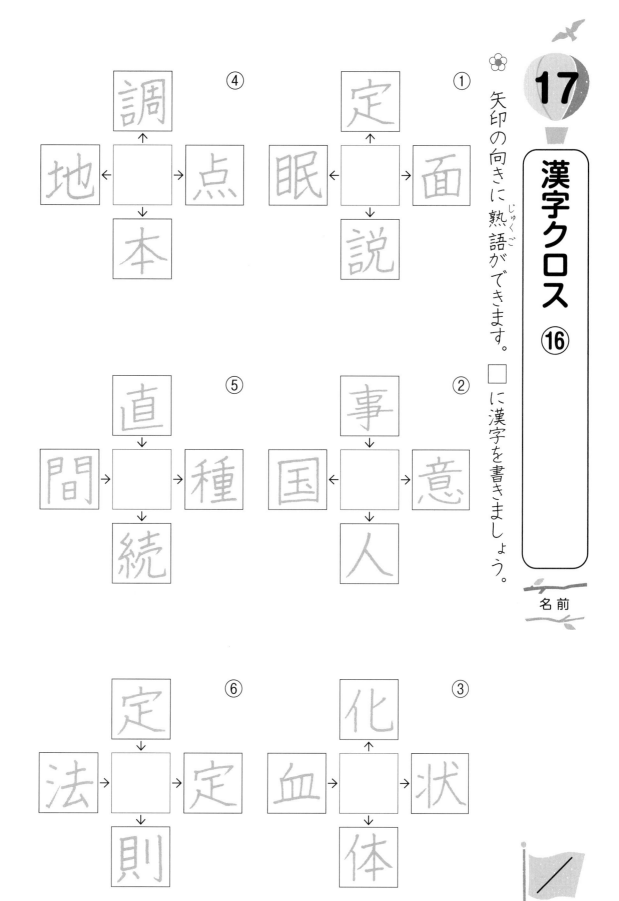

17 漢字クロス ⑰

名前

矢印の向きに熟語《じゅくご》ができます。□に漢字を書きましょう。

①

正 ↓

主 → □ ← 定

↓ 理

②

増 ↓

出 → □ → 画

↑ 活

③

堂 ↑

話 ← □ → 義

↓ 師

④

出 ↑

命 ← □ → 急

↓ 助

⑤

行 ↑

共 → □ → 罪

↓ 人

⑥

習 ↓

性 ← □ → 例

↓ 用

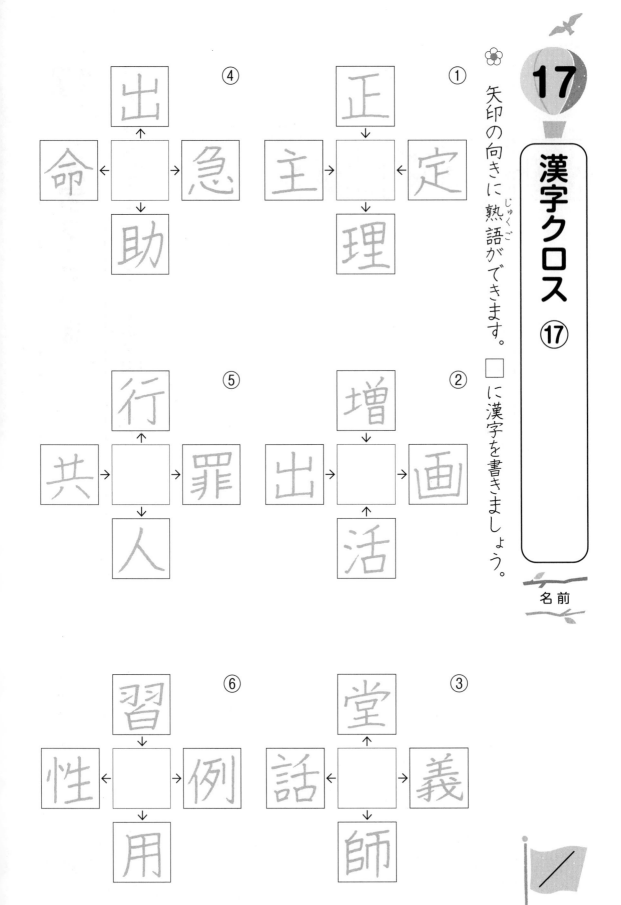

17 漢字クロス ⑱

名前

矢印の向きに熟語《じゅくご》ができます。□に漢字を書きましょう。

①
製 ↓ □
人 → □
□ → 花
□ ↓ 船

②
木 ↓ □
□ → 毛（毛 ← □）
□ → 花
□ ↓ 糸

③
禁 ↓ □
空 → □
□ → 送
□ ↓ 出

④
体 ↓ □
強 → □
□ → 約
□ ↓ 度

⑤
原 ↓ □
体 → □
□ → 式
小 ↑ □

⑥
消 ↓ □
会 → □
□ → 用
雑 ↑ □

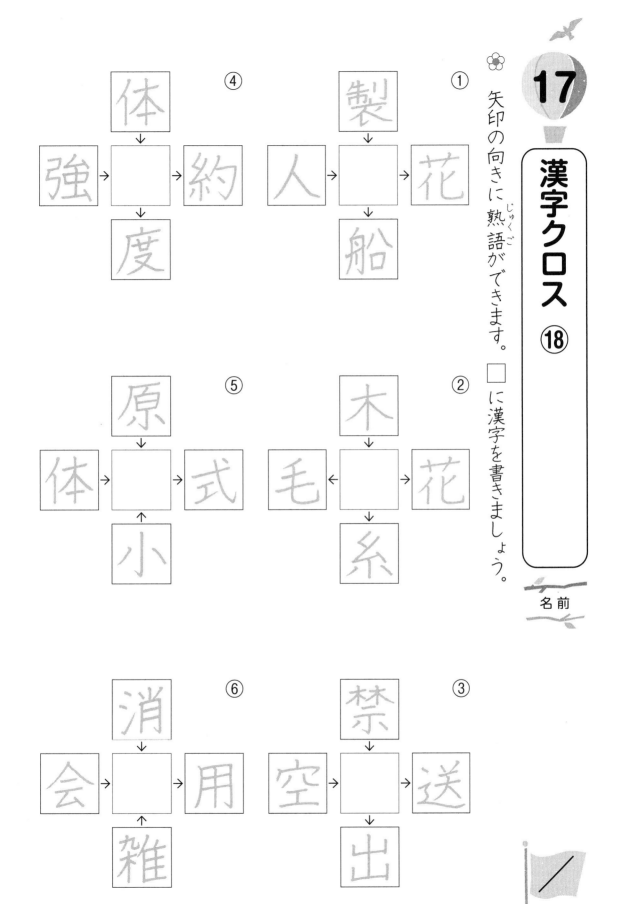

17 漢字クロス ⑲

名前

✿ 矢印の向きに熟語《じゅくご》ができます。□に漢字を書きましょう。

①
農 ↓ □
運 ← □ → 地
□ ↓ 作

②
路 ↑ □
危 → □ ← 保
□ ↓ 悪

③
用 ↑ □
点 ← □ → 集
□ ↓ 決

④
護 ↓ □
防 → □ → 星
□ ↓ 生

⑤
破 ↓ □
得 ← □ → 害
□ ↓ 失

⑥
事 ↓ □
義 → □ ← 業
服 ↑ □

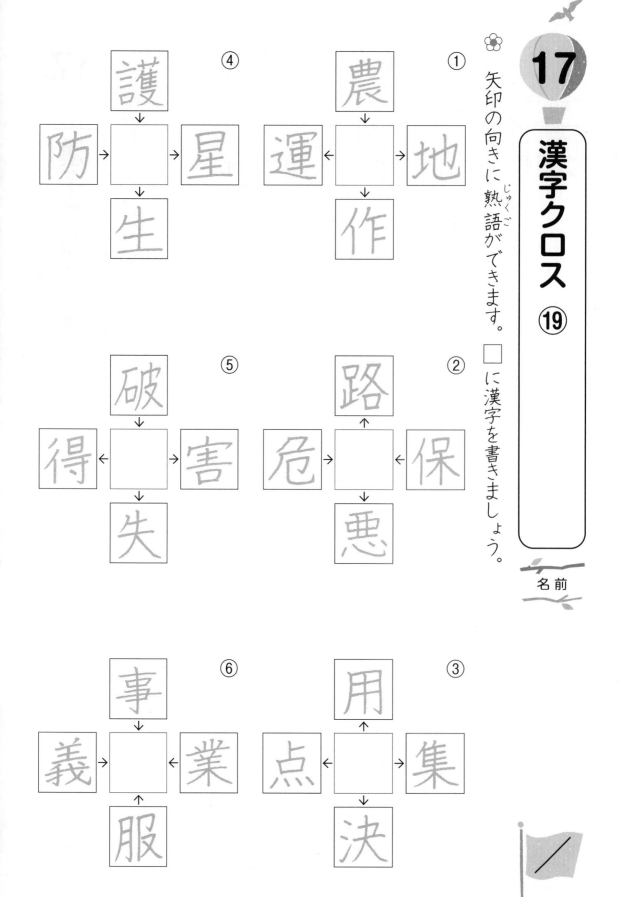

17 漢字クロス ⑳

名前

✿ 矢印の向きに熟語《じゅくご》ができます。□に漢字を書きましょう。

①
年 ↑
満 ← □ → 作
↓ 富

②
倍 ↓
利 → □ ← 確
↓ 先

③
海 ↑
横 → □ → 有
↓ 土

④
不 ↓
眠 ← □ → 挙
↓ 晴

⑤
雑 ↑
合 ← □ → 戦
↓ 声

⑥
指 ↓
引 → □ → 入
↓ 火

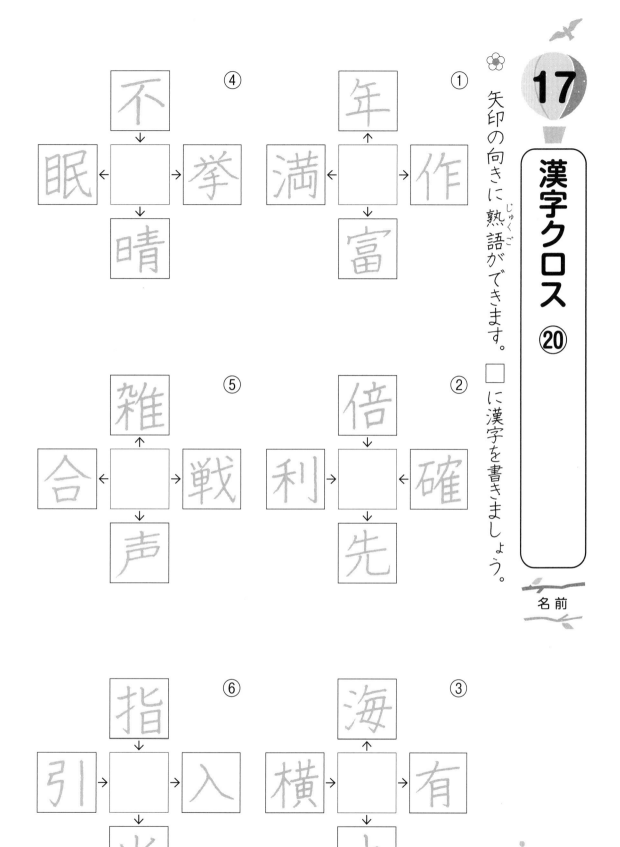

18 漢字熟語づくり①

名前

二つの漢字を組み合わせて、熟語《じゅくご》をつくりましょう。

① □《じ》任《にん》　任《にん》□《む》

② □《ひょう》現《げん》　□《じつ》現《げん》

③ 態《たい》□《ど》　□《よう》態《だい》

④ □《こく》際《さい》　□《じっ》際《さい》

⑤ 格《かく》□《しき》　格《かっ》□《こう》

⑥ 心《しん》情《じょう》　情《じょう》□《ねつ》

⑦ □《えい》像《ぞう》　□《そう》像《ぞう》

⑧ 象《しょう》□《けい》　□《いん》象《しょう》

⑨ 解《かい》□《けつ》　解《かい》□《とう》

⑩ 技《ぎ》□《じゅつ》　技《ぎ》□《りょう》

⑪ 複《ふく》□《ざつ》　複《ふく》□《すう》

⑫ □《ふっ》興《こう》　興《きょう》□《み》

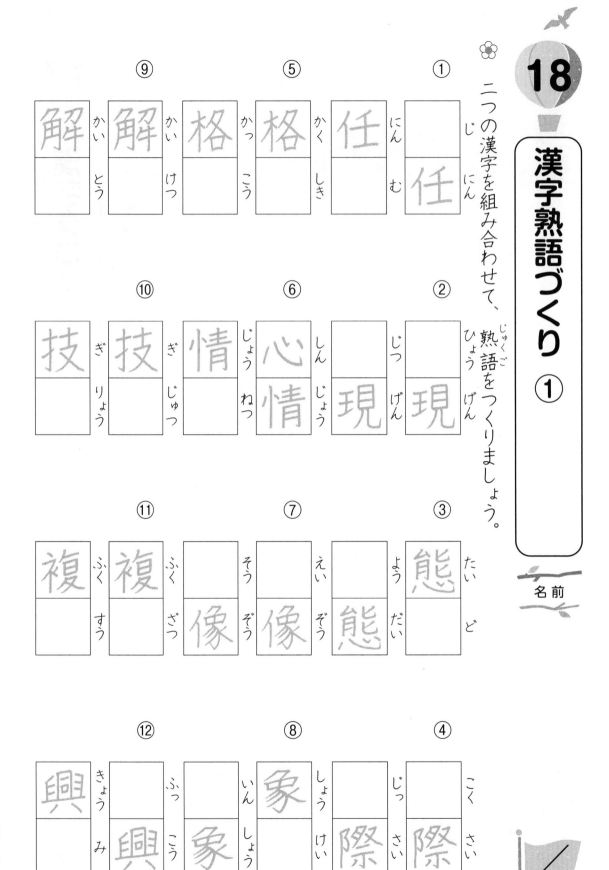

18 漢字熟語づくり ②

名前

二つの漢字を組み合わせて、熟語《じゅくご》をつくりましょう。

① □《とっ》許《きょ》　許《きょ》□《よう》

② □《きょ》可《か》　□《ふ》可《か》

③ 防《ぼう》□《せん》　防《ぼう》□《さい》

④ 移《い》□《じゅう》　移《い》□《どう》

⑤ 修《しゅう》□《とく》　修《しゅう》□《ふく》

⑥ □《ぎん》河《が》　河《か》□《こう》

⑦ 潔《けつ》□《ぱく》　□《せい》潔《けつ》

⑧ □《あん》易《い》　□《ぼう》易《えき》

⑨ 検《けん》□《しゅつ》　検《けん》□《さ》

⑩ 告《こく》□《じ》　告《こく》□《はく》

⑪ 報《ほう》□《ふく》　報《ほう》□《こく》

⑫ □《せい》質《しつ》　質《しつ》□《りょう》

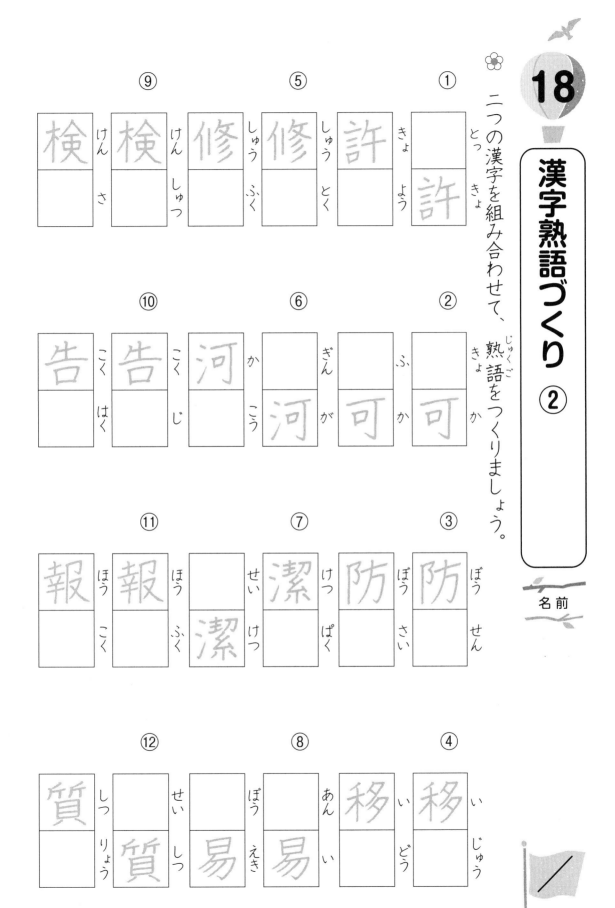

18 漢字熟語づくり ③

名前

❀ 二つの漢字を組み合わせて、熟語《じゅくご》をつくりましょう。

① □《じゅん》備《び》　備《び》□《こう》

② □《きん》属《ぞく》　□《しょ》属《ぞく》

③ □《ない》容《よう》　容《よう》□《き》

④ 述《じゅつ》□《ご》　□《き》述《じゅつ》

⑤ □《しょう》因《いん》　因《いん》□《が》

⑥ □《たい》応《おう》　応《おう》□《よう》

⑦ 例《れい》□《がい》　□《じ》例《れい》

⑧ 料《りょう》□《り》　□《ざい》料《りょう》

⑨ □《じつ》在《ざい》　在《ざい》□《にん》

⑩ 支《し》店《てん》　支《し》□《きゅう》

⑪ 留《りゅう》□《がく》　留《る》□《す》

⑫ 適《てき》□《とう》　適《てき》□《ど》

18 漢字熟語づくり④

名前

二つの漢字を組み合わせて、熟語《じゅくご》をつくりましょう。

① □《つう》過《か》　過《か》□《しん》

② 接《せつ》□《ぞく》　□《ちょく》接《せつ》

③ 構《こう》□《ぞう》　構《こう》□《せい》

④ 雑《ざつ》□《ねん》　雑《ざっ》□《た》

⑤ 混《こん》成《せい》　混《こん》□《どう》

⑥ □《しゅ》幹《かん》　幹《かん》□《じ》

⑦ □《き》能《のう》　□《ほん》能《のう》

⑧ □《もく》測《そく》　□《よ》測《そく》

⑨ 略《りゃく》□《ず》　□《せん》略《りゃく》

⑩ □《は》桜《ざくら》　□《よ》桜《ざくら》

⑪ 常《じょう》□《しゅう》　常《じょう》□《おん》

⑫ 句《く》□《てん》　□《いっ》句《く》

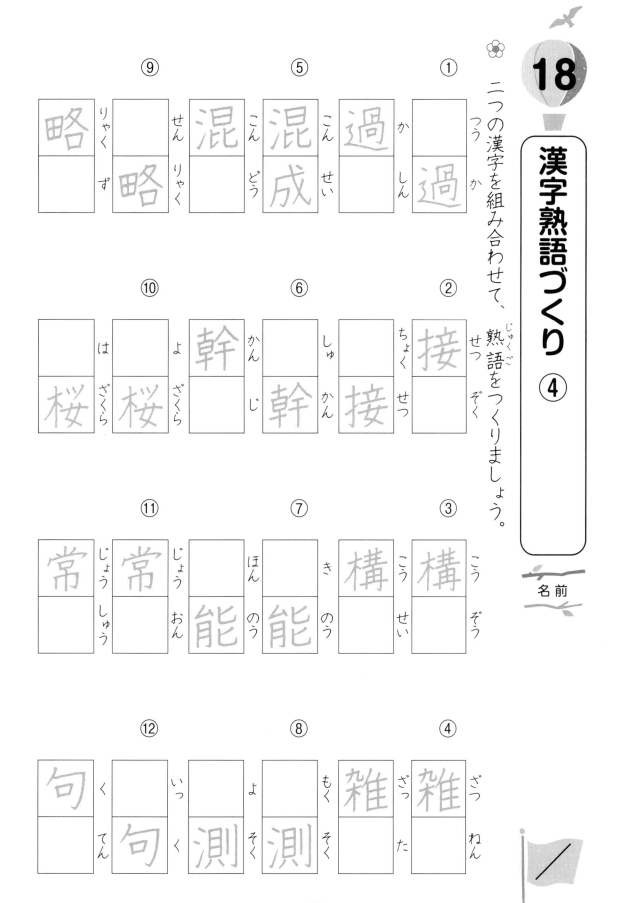

18 漢字熟語づくり ⑤

名前

二つの漢字を組み合わせて、熟語《じゅくご》をつくりましょう。

① □《ぶつ》資《し》　資《し》□《ほん》

② □《こう》査《さ》　□《ちょう》査《さ》

③ 序《じょ》□《ぶん》　序《じょ》□《きょく》

④ □《かい》設《せつ》　□《か》設《せつ》

⑤ 停《てい》□《し》　停《てい》□《りゅう》

⑥ 酸《さん》□《けつ》　酸《さん》□《み》

⑦ 厚《あつ》□《ぎ》　厚《あつ》□《で》

⑧ 総《そう》□《ぜい》　総《そう》□《かく》

⑨ □《よう》素《そ》　素《す》□《がお》

⑩ 武《ぶ》□《どう》　武《ぶ》□《し》

⑪ 往《おう》□《らい》　往《おう》□《ろ》

⑫ □《しゅく》舎《しゃ》　□《こう》舎《しゃ》

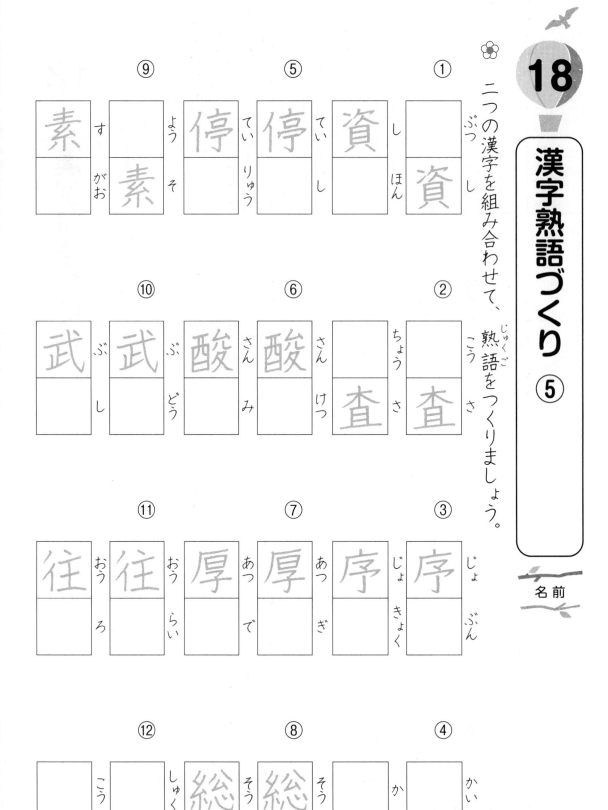

18 漢字熟語づくり ⑥

名前

✿ 二つの漢字を組み合わせて、熟語《じゅくご》をつくりましょう。

① □《しゅう》刊《かん》　□《しん》刊《かん》

② □《しゅつ》演《えん》　□《こう》演《えん》

③ 肥《ひ》□《だい》　肥《ひ》□《りょう》

④ □《こう》績《せき》　□《せい》績《せき》

⑤ 鉱《こう》□《ぶつ》　鉱《こう》□《ざん》

⑥ 暴《ぼう》□《しょく》　暴《ぼう》□《ふう》

⑦ 編《へん》□《しゅう》　□《たん》編《ぺん》

⑧ 航《こう》□《かい》　□《しゅっ》航《こう》

⑨ □《てつ》製《せい》　製《せい》□《ぞう》

⑩ 破《は》□《だん》　破《は》線《せん》

⑪ □《しゅっ》張《ちょう》　□《しゅ》張《ちょう》

⑫ □《こん》絶《ぜつ》　絶《ぜっ》□《ぴん》

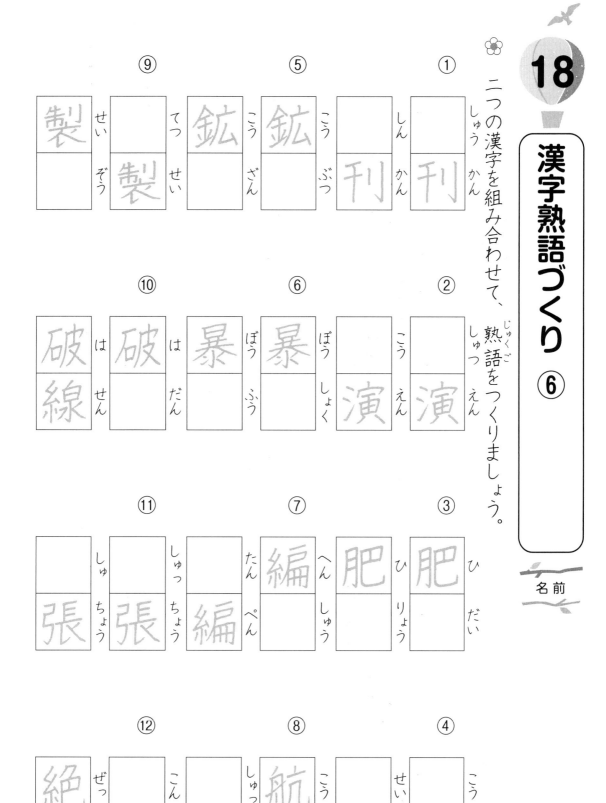

18 漢字熟語づくり ⑦

名前

✿ 二つの漢字を組み合わせて、熟語《じゅくご》をつくりましょう。

① □《か》弁《べん》　弁《べん》□《とう》

② □《じゅう》居《きょ》　□《てん》居《きょ》

③ 得《とく》□《い》　得《とく》□《てん》

④ □《し》示《じ》　表《ひょう》示《じ》

⑤ 政《せい》□《ふ》　政《せい》□《じ》

⑥ □《しん》経《けい》　経《けい》□《けん》

⑦ □《ほう》囲《い》　□《しゅう》囲《い》

⑧ 比《ひ》□《れい》　□《たい》比《ひ》

⑨ □《はん》逆《ぎゃく》　逆《ぎゃく》□《てん》

⑩ 歴《れき》□《だい》　歴《れき》□《し》

⑪ 職《しょく》□《ぎょう》　職《しょく》□《いん》

⑫ □《おお》勢《ぜい》　勢《せい》□《りょく》

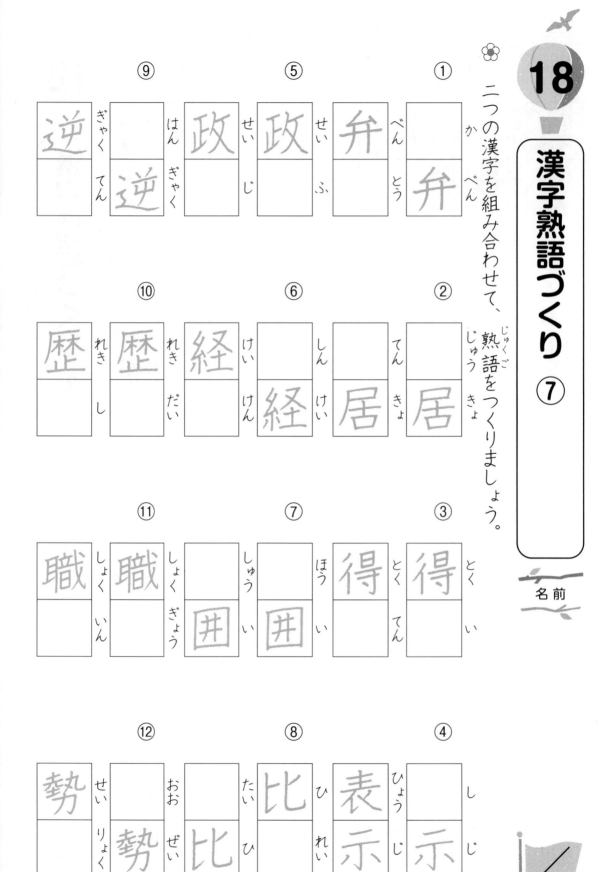

18 漢字熟語づくり ⑧

名前

二つの漢字を組み合わせて、熟語《じゅくご》をつくりましょう。

① □《あく》夢《む》　夢《む》□《ちゅう》

② 迷《めい》□《そう》　迷《めい》□《ろ》

③ 招《しょう》□《しゅう》　招《しょう》□《たい》

④ 提《てい》□《あん》　提《てい》□《じ》

⑤ 個《こ》□《べつ》　個《こ》□《じん》

⑥ 独《どく》□《りつ》　独《どく》□《じ》

⑦ 仏《ぶつ》□《ぞう》　□《ねん》仏《ぶつ》

⑧ 余《よ》□《けい》　余《よ》□《ぶん》

⑨ 寄《き》□《しゅく》　寄《き》□《ふ》

⑩ 祖《そ》□《ぼ》　祖《そ》□《せん》

⑪ 財《ざい》□《りょく》　財《ざい》□《さん》

⑫ □《ちゃく》眼《がん》　眼《がん》□《か》

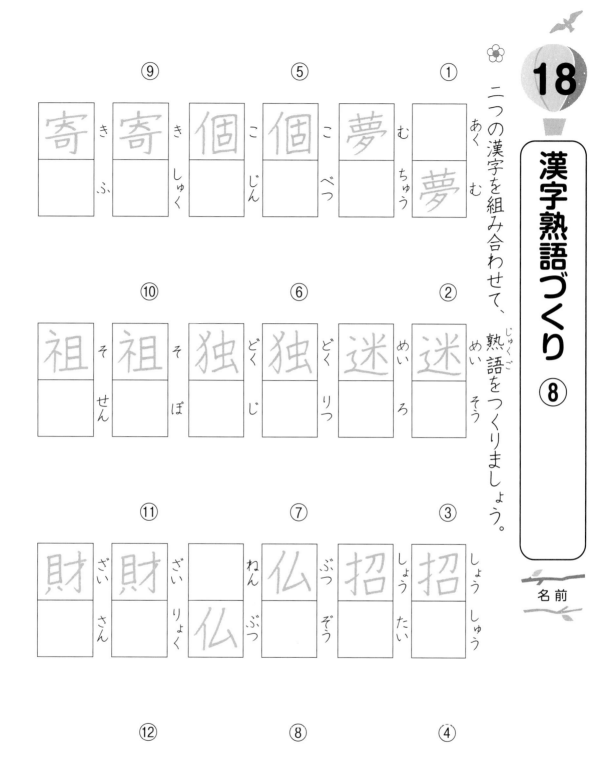

18 漢字熟語づくり ⑨

名前

二つの漢字を組み合わせて、熟語《じゅくご》をつくりましょう。

① い し：□志　　し ぼう：志□

② えい えん：永□　　えい きゅう：永□

③ しゃ れい：謝□　　しゃ ざい：謝□

④ し どう：□導　　どう にゅう：導□

⑤ たて もの：建□　　けん こく：建□

⑥ しょう どく：□毒　　どく そ：毒□

⑦ えい ぎょう：営□　　うん えい：□営

⑧ さい し：妻□　　ふ さい：□妻

⑨ せい りょく：精□　　せい しん：精□

⑩ じょう れい：条□　　じょう けん：条□

⑪ じょう たい：状□　　げん じょう：□状

⑫ ほ いく：保□　　ほ かん：保□

／

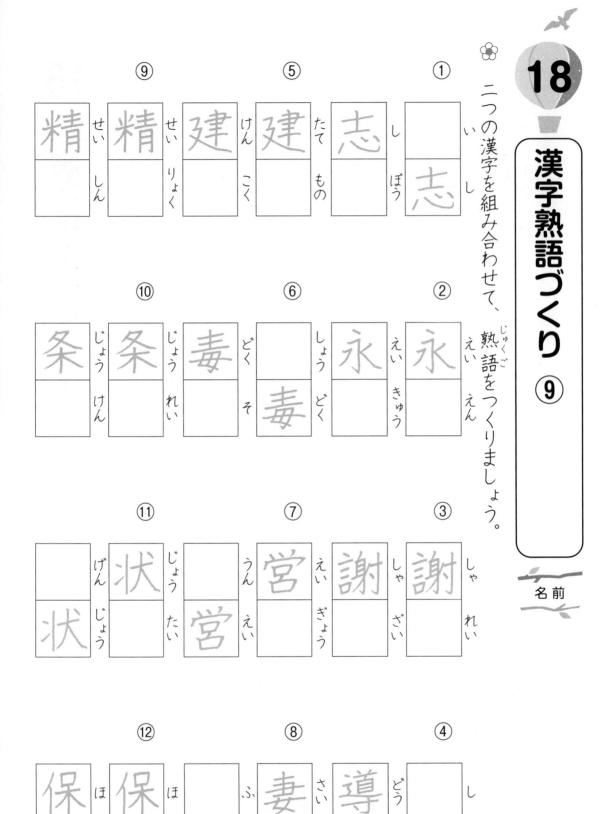

18 漢字熟語づくり ⑩

名前

二つの漢字を組み合わせて、熟語《じゅくご》をつくりましょう。

① □《か》程《てい》　程《てい》□《ど》

② □《ひょう》価《か》　価《か》□《かく》

③ 判《はん》□《てい》　判《はん》□《だん》

④ □《でん》統《とう》　統《とう》□《けい》

⑤ 賛《さん》□《どう》　賛《さん》□《せい》

⑥ □《ゆう》効《こう》　効《こう》□《か》

⑦ 減《げん》□《しょう》　□《か》減《げん》

⑧ □《はい》布《ふ》　□《ぶん》布《ぷ》

⑨ □《こっ》境《きょう》　境《きょう》□《かい》

⑩ 増《ぞう》□《すい》　増《ぞう》□《か》

⑪ 再《さい》会《かい》　再《さい》□《けん》

⑫ □《ほ》護《ご》　□《よう》護《ご》

18 漢字熟語づくり⑪

名前

／

✿ 二つの漢字を組み合わせて、熟語《じゅくご》をつくりましょう。

① □限（きげん）　限□（げんてい）

② □責（じゅうせき）　責□（せきにん）

③ 証□（しょうにん）　証□（しょうげん）

④ □脈（ようみゃく）　□脈（さんみゃく）

⑤ 紀□（きこう）　紀□（きげん）

⑥ □均（へいきん）　均□（きんとう）

⑦ 公務（こうむ）　□務（じむ）

⑧ 豊□（ほうふ）　豊□（ほうりょう）

⑨ □授（きょうじゅ）　授□（じゅぎょう）

⑩ 圧□（あつりょく）　□圧（すいあつ）

⑪ □築（けんちく）　築□（ちくじょう）

⑫ □織（そしき）　織□（おりもの）

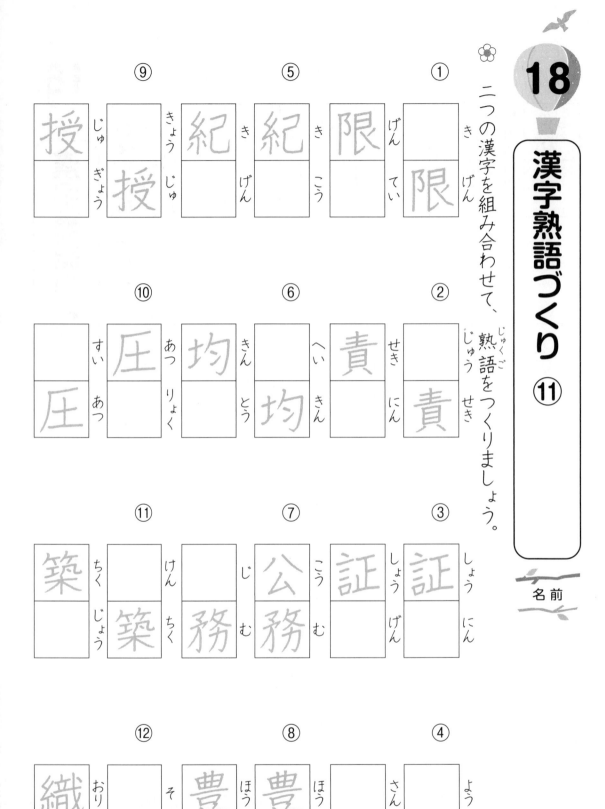

18 漢字熟語づくり ⑫

名前

二つの漢字を組み合わせて、熟語《じゅくご》をつくりましょう。

① □《しん》旧《きゅう》　旧《きゅう》□《どう》

② □《ぜん》額《がく》　□《こう》額《がく》

③ 講《こう》□《ぎ》　講《こう》□《し》

④ 仮《か》□《てい》　仮《か》□《せつ》

⑤ 貯《ちょ》□《すい》　貯《ちょ》□《きん》

⑥ □《じょう》規《ぎ》　規《き》□《そく》

⑦ 救《きゅう》□《じょ》　救《きゅう》□《めい》

⑧ 婦《ふ》□《じん》　□《ふう》婦《ふ》

⑨ □《けつ》液《えき》　液《えき》□《たい》

⑩ 殺《さっ》□《き》　殺《さつ》□《い》

⑪ □《い》義《ぎ》　□《せい》義《ぎ》

⑫ 墓《はか》□《ば》　墓《ぼ》□《ち》

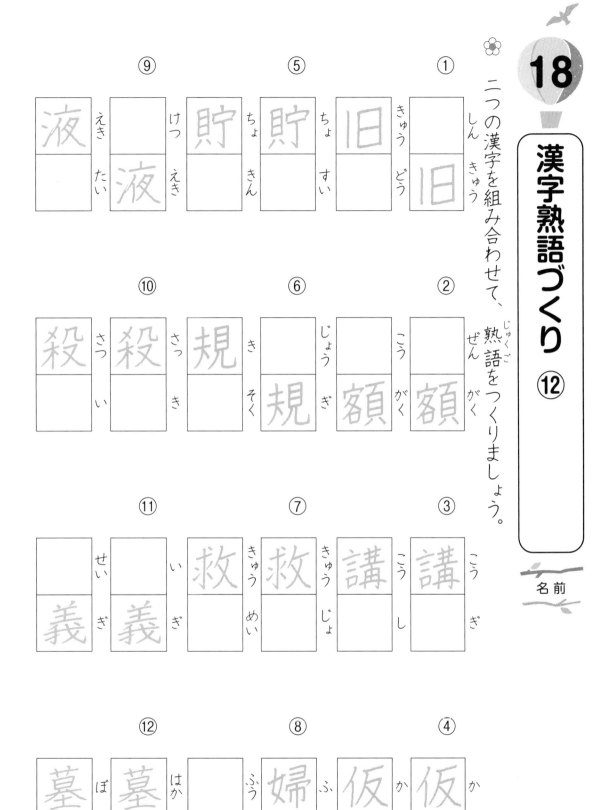

18 漢字熟語づくり ⑬

名前

二つの漢字を組み合わせて、熟語《じゅくご》をつくりましょう。

① □《しゅっ》版《ぱん》　版《はん》□《が》

② □《り》益《えき》　□《ゆう》益《えき》

③ 領《りょう》□《かい》　領《りょう》□《ど》

④ □《ほ》険《けん》　険《けん》□《あく》

⑤ 性《せい》□《しつ》　性《せい》□《かく》

⑥ □《ぼう》犯《はん》　犯《はん》□《ざい》

⑦ □《てん》型《けい》　□《げん》型《けい》

⑧ 制《せい》□《ど》　□《たい》制《せい》

⑨ □《しゅう》慣《かん》　慣《かん》□《れい》

⑩ 綿《めん》□《し》　綿《めん》□《か》

⑪ 採《さい》血《けつ》　採《さい》□《しゅう》

⑫ □《は》損《そん》　損《そん》□《がい》

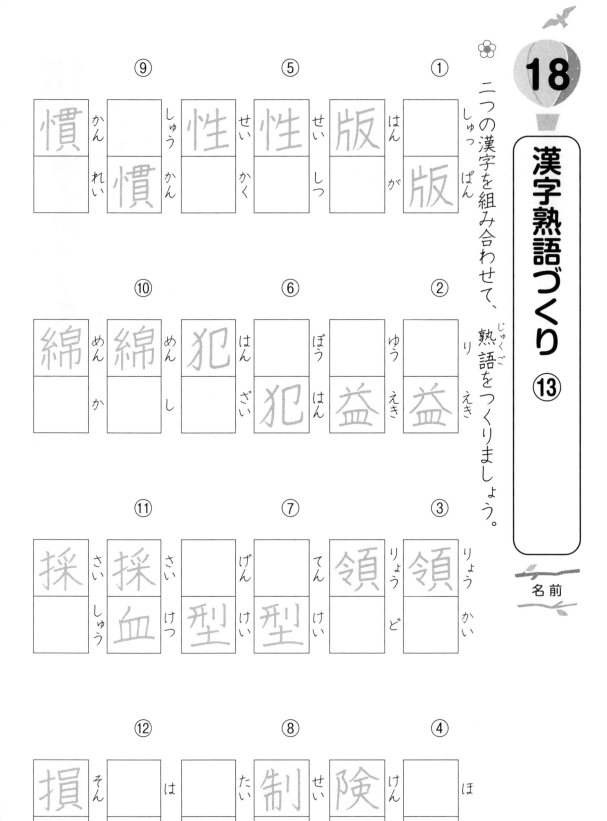

18 漢字熟語づくり ⑭

名前

二つの漢字を組み合わせて、熟語《じゅくご》をつくりましょう。

①
- しょう □　ひ 費
- ひ 費　よう □

②
- こ □　えだ 枝
- えだ 枝　さき □

③
- ぜい 税　きん □
- げん □　ぜい 税

④
- えい 衛　せい 星
- えい 衛　せい □

⑤
- ゆ 輸　にゅう □
- ゆ 輸　そう □

⑥
- だん 団　けつ □
- だん 団　たい □

⑦
- ふん 粉　まつ □
- か □　ふん 粉

⑧
- かい 快　せい □
- かい 快　しょう □

⑨
- かく □　りつ 率
- ばい □　りつ 率

⑩
- ねん 燃　りょう □
- ねん 燃　ぴ □

⑪
- き 喜　しょく □
- ひ □　き 喜

⑫
- しょく □　どう 堂
- ほん □　どう 堂

19 和語・漢語・外来語 ①

名前

和語……もともと日本にあった言葉。（訓で読む）〈例〉山、川、海、くだもの、宿屋、米

漢語……古くに中国から日本に入った言葉。（音で読む）〈例〉山脈、河川、海洋、果実、旅館、白米

外来語…近代にアメリカやヨーロッパから入った言葉。（カタカナで書く）〈例〉パン、ライス、フルーツ、ホテル

✿ □の中の言葉を和語・漢語・外来語に分類しましょう。

和語		漢語		外来語	

夏　アイデア　道路
ピアノ　青空　海
黒板　シャツ　テレビ
上着　衣服　牛肉
サッカー　学校　ペン
太陽　美しい　青い

19 和語・漢語・外来語 ②

名前

(1) 次の言葉の読みを和語（ひらがな）、漢語（カタカナ）で答えましょう。

① 風車　和語（　　）　漢語（　　）

② 昨日　和語（　　）　漢語（　　）

③ 見物　和語（　　）　漢語（　　）

④ 色紙　和語（　　）　漢語（　　）

⑤ 年月　和語（　　）　漢語（　　）

⑥ 草原　和語（　　）　漢語（　　）

⑦ 市場　和語（　　）　漢語（　　）

⑧ 生花　和語（　　）　漢語（　　）

(2) 次の言葉を和語、漢語、外来語で答えましょう。

和語	漢語	外来語
朝ごはん	朝食	モーニング・セット
①	②	ランチ
夕ごはん	③	ディナー

20 漢字の成り立ち ①

名前

次の四つの漢字の成り立ちに合う漢字を[　]から選んで書きましょう。

漢字…今から三千年以上前に、中国で生まれる。最初は絵のようにえがいて表していたが、組み合わせていろいろな漢字が作られた。

象形《しょうけい》文字	指示《しじ》文字	会意《かいい》文字	形声《けいせい》文字
物の形を、具体的にえがいた文字。	目に見えない事がらを、印や記号を使って表した文字。	漢字の意味を表す部分を組み合わせた文字。	漢字の音を表す部分と、意味を表す部分を組み合わせた文字。
馬	下	鳴	草

魚　心　水
三　一　二
馬　火　糸
下　上　中
林　休　信
町　晴　校
鳴　明　森
草　持　花

20 漢字の成り立ち ②

名前

音を表す部分と意味を表す部分を組み合わせて、漢字（形声文字）を書きましょう。

① 時《じ》 持《じ》

② 復《ふく》 □《ふく》

③ 晴《せい》 □《せい》

④ 校《こう》 □《こう》

⑤ 花《か》 □《か》

⑥ 講《こう》 □《こう》

⑦ 記《き》 □《き》

⑧ 遠《えん》 □《えん》

音を表す部分		
寺	交	袁
冓	化	复
己	青	丁
同	工	里

意味を表す部分		
辶	言	木
扌	日	力
氵	口	貝
礻	亻	冖
糸	米	禾

21

ローマ字で書こう ①

名前

❀ 都道府県名をなぞり、ローマ字で書きましょう。

① 北海道　ほっかいどう

Hokkaidô

② 青森　あおもり

③ 岩手　いわて

④ 宮城　みやぎ

⑤ 秋田　あきた

⑥ 山形　やまがた

⑦ 福島　ふくしま

名前

❀ 都道府県名をなぞり、ローマ字で書きましょう。

⑧ 茨城　いばらき

⑨ 栃木　とちぎ

⑩ 群馬　ぐんま

⑪ 埼玉　さいたま

⑫ 千葉　ちば

⑬ 東京　とうきょう

⑭ 神奈川　かながわ

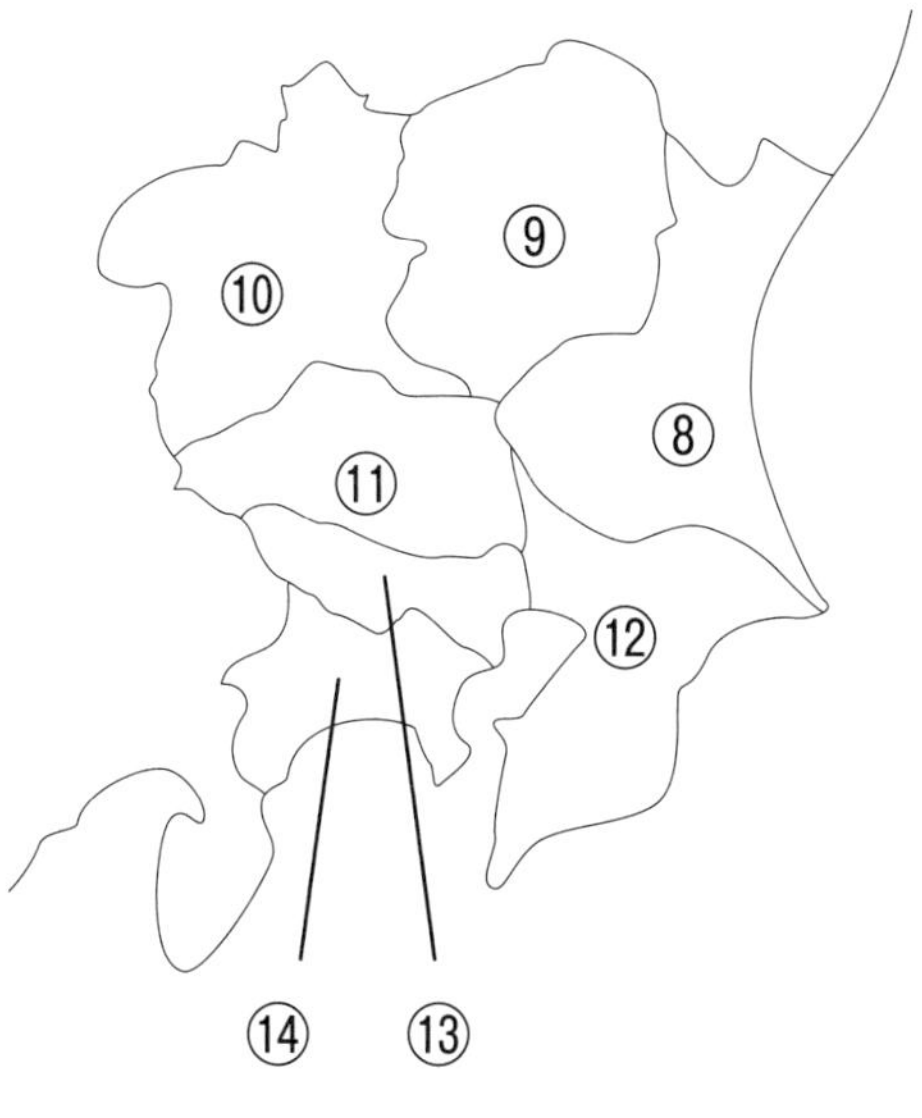

21

ローマ字で書こう ③

名前

❀ 都道府県名をなぞり、ローマ字で書きましょう。

⑮ 新潟　にいがた

⑯ 富山　とやま

⑰ 石川　いしかわ

⑱ 福井　ふくい

⑲ 山梨　やまなし

⑳ 長野　ながの

㉑ 岐阜　ぎふ

㉒ 静岡　しずおか

㉓ 愛知　あいち

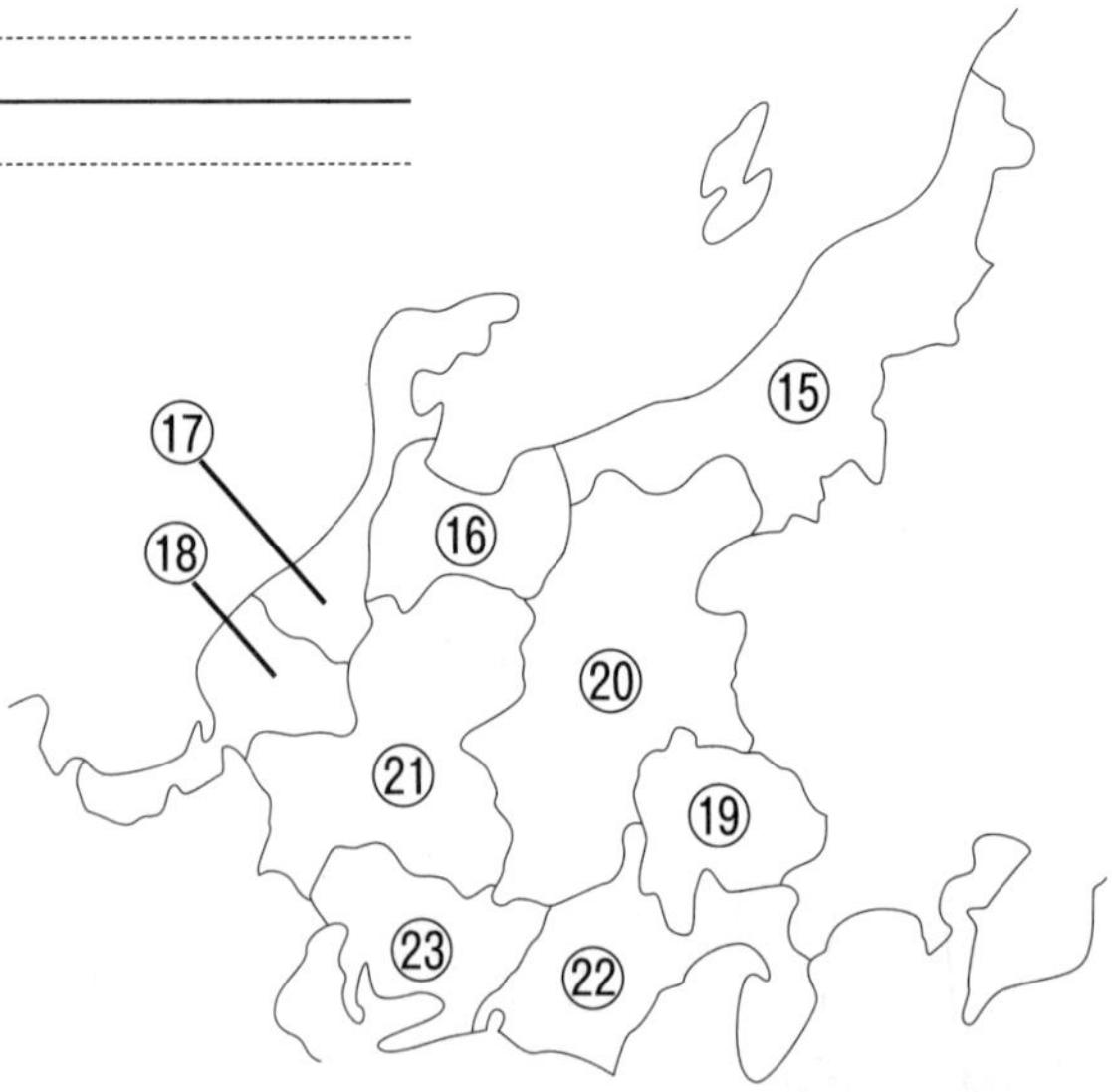

21 ローマ字で書こう ④

名前

❀ 都道府県名をなぞり、ローマ字で書きましょう。

㉔ 三重　みえ

㉕ 滋賀　しが

㉖ 京都　きょうと

㉗ 大阪　おおさか

㉘ 兵庫　ひょうご

㉙ 奈良　なら

㉚ 和歌山　わかやま

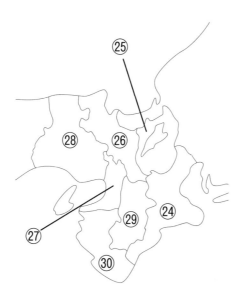

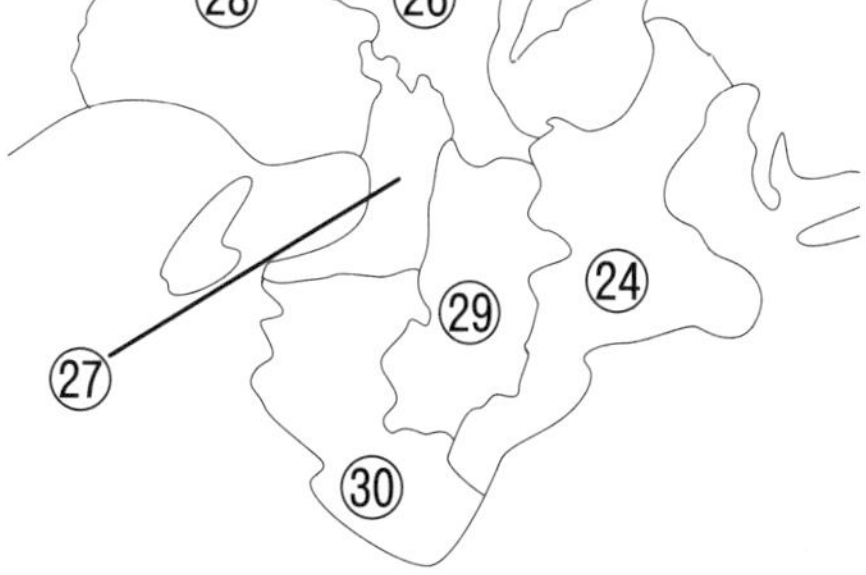

名前

❀ 都道府県名をなぞり、ローマ字で書きましょう。

㉛ 鳥取 とっとり

㉜ 島根 しまね

㉝ 岡山 おかやま

㉞ 広島 ひろしま

㉟ 山口 やまぐち

㊱ 徳島 とくしま

㊲ 香川 かがわ

㊳ 愛媛 えひめ

㊴ 高知 こうち

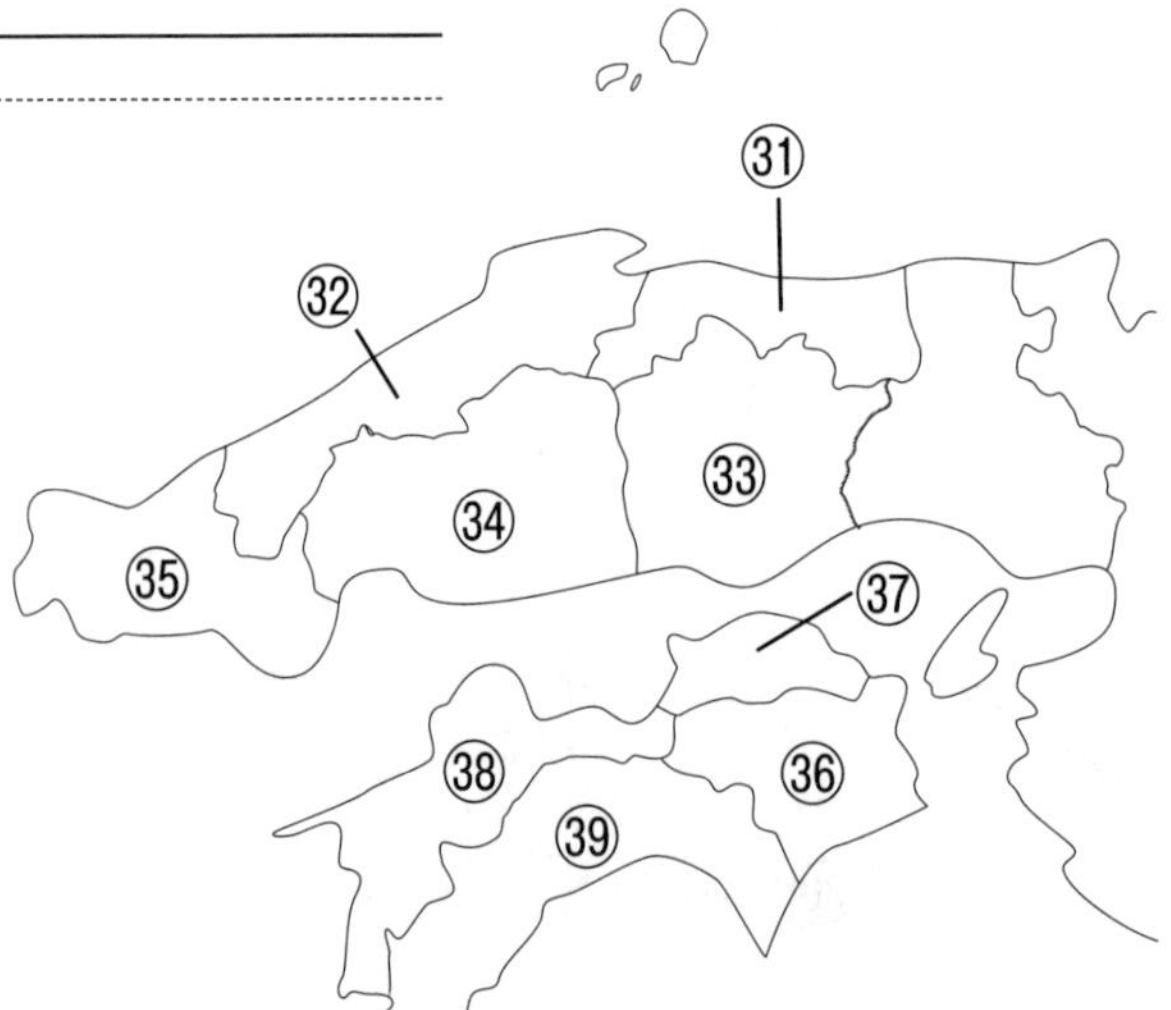

21 ローマ字を書こう ⑥

名前

✿ 都道府県名をなぞり、ローマ字で書きましょう。

㊵ 福岡 ふくおか

㊶ 佐賀 さが

㊷ 長崎 ながさき

㊸ 熊本 くまもと

㊹ 大分 おおいた

㊺ 宮崎 みやざき

㊻ 鹿児島 かごしま

㊼ 沖縄 おきなわ

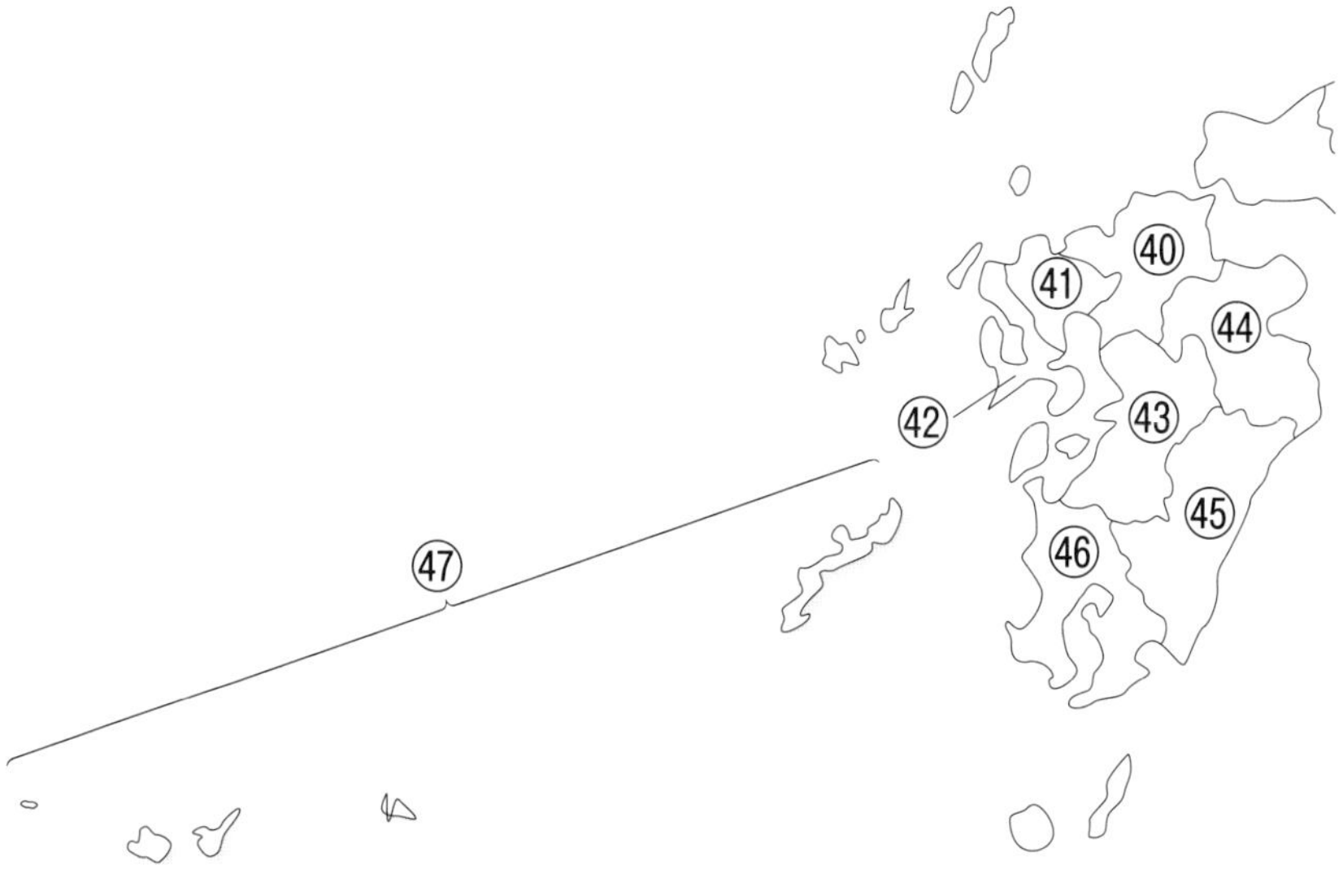

22 複合語《ふくごうご》 ①

名前

✿ 二つの言葉を組み合わせて、新たな一つの言葉をつくりましょう。

(1) 和語 ＋ 和語

① 魚 ＋ 市場 ＝

② 墓《はか》 ＋ 参る ＝

(2) 和語 ＋ 漢語

① 待つ ＋ 時間 ＝

② 子ども ＋ 料金 ＝

(3) 和語 ＋ 外来語

① 紙 ＋ コップ ＝

② 塩 ＋ バター ＝

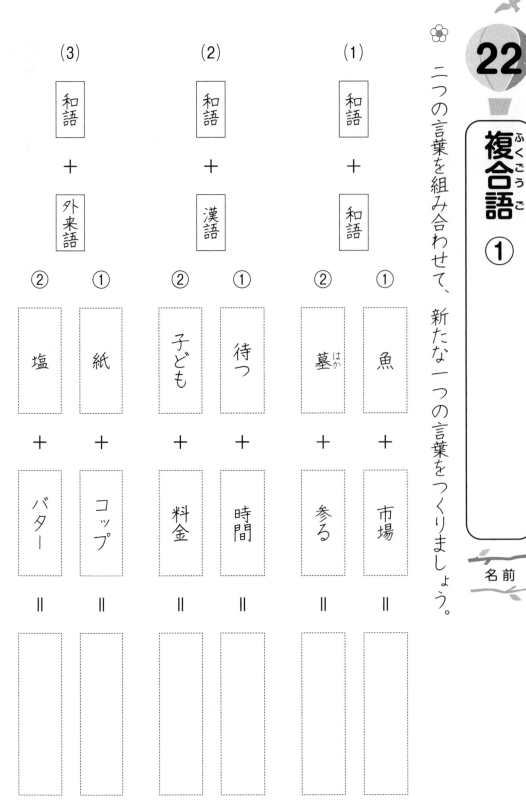

22 複合語《ふくごうご》 ②

名前

二つの言葉を組み合わせて、新たな一つの言葉をつくりましょう。

(1) 漢語 ＋ 漢語

① 消費 ＋ 税《ぜい》 ＝

② 農耕《のうこう》 ＋ 地帯 ＝

(2) 外来語 ＋ 外来語

① コーン ＋ スープ ＝

② カレー ＋ ライス ＝

(3) 漢語 ＋ 外来語

① ピアノ ＋ 教室 ＝

② 消す ＋ ゴム ＝

23 季節の言葉 ①

名前

✿ 季節を感じる言葉を分類しましょう。

春				

秋				

寒《かん》のもどり　星月夜
十六夜　春がすみ
花ぐもり　望月
弓張月《ゆみはりづき》　うららか
風光る　秋晴れ
秋の夜長　のどか
春雨　さわやか
虫の音　菜種梅雨
おぼろ月　冬支度
土筆《つくし》　紅葉前線

23 季節の言葉 ②

名前

季節を感じる言葉を分類しましょう。

夏	冬

西日　北風　雲のみね　からっ風　入梅《にゅうばい》　寒波《かんぱ》　五月雨《さみだれ》　初雪　春一番　麦秋

氷点下　炎天　雪げしょう　入道雲　つらら　梅雨《つゆ》明け　しも柱　夕立　熱帯夜　冬将軍

24 慣《な》れよう！慣用句 ①

名前

✿ 慣用句《かんようく》と意味を線で結びましょう。

① 手をわずらわす ・　・ ㋐ 他人、目上の人にめんどうをかけてしまうこと。

② 足が出る ・　・ ㋑ 恩《おん》を受けた人に対する感謝《かんしゃ》の気持ち。

③ 足が地に着かない ・　・ ㋒ 相手の言葉じりをとらえて、じゃまをする。

④ あげ足を取る ・　・ ㋓ 他人の成功や出世のじゃまをする。

⑤ 二の足をふむ ・　・ ㋔ 長く立ったり歩いたりしたつかれで、足のきん肉がこわばる。

⑥ 足を向けてねられない ・　・ ㋕ 気持ちが落ち着かず、行動に落ち着きの見られない様子。

⑦ 足を引っぱる ・　・ ㋖ ためらって、しりごみをする。

⑧ 足がぼうになる ・　・ ㋗ しゅう入よりも出費が多くなる。赤字になる。

24 慣《な》れよう! 慣用句 ②

名前

慣用句《かんようく》と意味を線で結びましょう。

① 目と鼻の先 ・　・ ア 何かに注目して他を見ることができない。

② 目がない ・　・ イ きょりが非常《ひじょう》に近い様子。

③ 目が利く ・　・ ウ おどろいたり、感心したりする。

④ 目を丸くする ・　・ エ よしあしを見分ける能力《のうりょく》をもっている。

⑤ 目がくらむ ・　・ オ いいものを見ていて、見分ける力がついてきている。

⑥ 目がはなせない ・　・ カ ひどい状態《じょうたい》で、まともに見られない。

⑦ 目も当てられない ・　・ キ 心をうばわれ、正しく物事を判断《はんだん》できなくなる。

⑧ 目が肥《こ》える ・　・ ク とても好きである。

24 慣《な》れよう！慣用句 ③

名前

慣用句《かんようく》と意味を線で結びましょう。

① 背《せ》を向ける ・ ・ ㋐ たのまれて人に会ったりする。

② むねがいたむ ・ ・ ㋑ それ以上の進歩や発てんの望めない状態《じょうたい》。行きづまり。

③ かたをならべる ・ ・ ㋒ ひどくはらが立って、がまんできない。

④ むねがおどる ・ ・ ㋓ わくわくする。

⑤ 顔を貸《か》す ・ ・ ㋔ 同じような力をもつ。

⑥ 腹《はら》の虫が治まらない ・ ・ ㋕ しっかりと記おくにとどめて、忘れまいとする。

⑦ むねにきざむ ・ ・ ㋖ あわれみ、悲しみなどで苦しい思いをする。

⑧ 頭打ちになる ・ ・ ㋗ 物事に無関心や反こう的な態度《たいど》をとったりする。

24 慣《な》れよう！慣用句 ④

名前

慣用句《かんようく》と意味を線で結びましょう。

① 口火を切る ・ ・ ㋐ 食べ物や飲み物が好みに合っている、おいしいと感じる。
② 口が肥《こ》える ・ ・ ㋑ あれこれと負けおしみや、言いわけを言う様子。
③ 口をそろえる ・ ・ ㋒ 口数の多い人や口の達者な人のたとえ。
④ 口が減《へ》らない ・ ・ ㋓ みんなが同じことを言う。
⑤ 口に合う ・ ・ ㋔ いろいろなものを食べて、味のよしあしがよくわかるようになる。
⑥ 口が重い ・ ・ ㋕ 物事を他に先がけて行って、きっかけをつくる。
⑦ 口が軽い ・ ・ ㋖ 口数が少ない。
⑧ 口から先に生まれる ・ ・ ㋗ おしゃべりで、言ってはいけないことまで言ってしまう。

25 まちがいさがし①

名前

右と左の絵は、ちがっているところが七個《こ》あります。ちがいを説明しましょう。

右

左

一つ目は、左の星の数が少ないところです。

二つ目は、　　　　ところです。

三つ目は、　　　　ところです。

四つ目は、　　　　ところです。

五つ目は、　　　　ところです。

六つ目は、　　　　ところです。

七つ目は、　　　　ところです。

25 まちがいさがし ②

名前

右と左の絵は、ちがっているところが七個《こ》あります。ちがいを説明しましょう。

右

左

一つ目は、UFOのまどの色がちがうところです。

二つ目は、ところです。

三つ目は、ところです。

四つ目は、ところです。

五つ目は、ところです。

六つ目は、ところです。

七つ目は、ところです。

26 三だん落作文 ①

「はじめ」「中」「終わり」の三だん落で作文を書きましょう。

名前

お題 笑顔の回転ずし

はじめ

きのう、家族みんなで回転ずしに行きました。そのお店には、
一か月に一回くらい行きます。

中

わたしは、はじめにカッパまき、いなりずしを食べます。
そのあと、にぎりずしをいろいろたのんでいきます。いつも
食べるのはサーモンとウニとトロです。デザートも食べます。

終わり

帰るときは、みんなが笑顔になっているので、とても幸せな
気持ちになります。次に行くのが楽しみです。

いつ？どうした？

どんな？どうだった？気持ち

まとめ

26 三だん落作文 ②

名前

✿「はじめ」「中」「終わり」の三だん落で作文を書きましょう。

お題

はじめ

中

終わり

いつ？
どうした？

どんな？
どうだった？
気持ち

まとめ

27 意見と事実 ①

名前

✿ 次の文を読み、「事実」には○、「意見（考え）」には×をつけましょう。

① □ ネコはほにゅう類です。

② □ ネコはイヌよりかわいいです。

③ □ 植物は育てにくい。

④ □ コケも植物である。

⑤ □ キャサリンは美人である。

⑥ □ キャサリンはモデルをしている。

⑦ □ ダイヤモンドは高すぎる。

⑧ □ ダイヤモンドは炭素《たんそ》でできている。

27 意見と事実 ②

名前

✿ 次の文を読み、「事実」には○、「意見（考え）」には×をつけましょう。

① □ 大陸は移動している。

② □ オーストラリア大陸は広い。

③ □ イヌはペットとして飼《か》われている。

④ □ ペットを飼うならイヌである。

⑤ □ サメは魚類である。

⑥ □ サメはおそろしい。

⑦ □ ゾウはとてもやさしい生き物だ。

⑧ □ ゾウは七メートルほどの大きさの動物である。

28 原因と結果作文 ①

名前

結果を読んで、原因《げんいん》として考えられることを書きましょう。

①

結果

最近、この湖をおとずれる人がいなくなってしまった。

原因

原因として考えられるのは、

②

結果

桜《さくら》があっというまに散ってしまった。

原因

この原因として考えられるのは、

28

原因と結果作文 ②

名前

✿ 結果を読んで、原因《げんいん》として考えられることを書きましょう。

①

結果　かぜをひいてしまった。

原因　それは、

からだ。

②

結果　近年、大型《おおがた》犬より小型犬を飼《か》う人が増《ふ》えてきた。

原因　なぜなら、

からだ。

29 どっちの意見文？ ①

名前

✿ チャイムがあるほうとないほう、どちらがいいですか。どちらに賛成《さんせい》か○をつけ、理由を「なぜなら」、「たしかに」、「しかし」を使って考えましょう。

	チャイムがあるほう
	チャイムがないほう

私は、（　　　　）がいいと思います。
なぜなら、
たしかに、
しかし、
と思います。

29 どっちの意見文？ ②

名前

✿ 給食は牛にゅうとジュース、どちらがいいですか。どちらに賛成《さんせい》か○をつけ、理由を「なぜなら」、「たしかに」、「しかし」を使って考えましょう。

給食には牛にゅう	給食にはジュース

私は、（　　　　　　　　）がいいと思います。

なぜなら、

たしかに、

しかし、

と思います。

30 四場面物語作文 ①

絵を見て、起《き》・承《しょう》・転《てん》・結《けつ》でお話をつくりましょう。

名前

起

ある日、ポチの散歩中、うちゅう人に会いました。

転

承

結

30

四場面物語作文 ②

絵を見て、起《き》・承《しょう》・転《てん》・結《けつ》でお話をつくりましょう。

名前

起

承

転

結

31 人物キャラクターづくり①

名前

✿ 言葉と人物を結んで、自分だけのキャラクターを自由につくりましょう。

① 評価《ひょうか》が高い
② 一、二を争う
③ 努力家である
④ 力量がある
⑤ 才能《さいのう》がある
⑥ いさぎよい
⑦ すがすがしい
⑧ 品がいい
⑨ 冷静な
⑩ ごうかいな
⑪ だれにもまさる

・王様
・女王
・王子
・おひめ様
・勇者
・戦士
・まほう使い
・商人
・旅人
・ドラゴン
・モンスター

と

① 堂《どう》どうとした
② おおらかな
③ おっとり
④ ぎこちない
⑤ 心配性《しんぱいしょう》の
⑥ がんこ
⑦ 向こう見ずな
⑧ しんちょうな
⑨ 人がいい
⑩ せっかちな
⑪ ひかえめな

・王様
・女王
・王子
・おひめ様
・勇者
・戦士
・まほう使い
・商人
・旅人
・ドラゴン
・モンスター

が登場する物語

／

31 人物キャラクターづくり ②

名前

✿ 言葉と人物を結んで、自分だけのキャラクターを自由につくりましょう。

① 堂《どう》どうとして	・	・	人がいい	・	・	王様
② おおらかで	・	・	のんきな	・	・	女王
③ おっとりして	・	・	ずうずうしい	・	・	王子
④ ぎこちなく	・	・	たのもしい	・	・	おひめ様
⑤ 心配性《しんぱいしょう》で	・	・	らんぼうな	・	・	勇者
⑥ がんこで	・	・	やさしい	・	・	戦士
⑦ 向こう見ずで	・	・	力強い	・	・	まほう使い
⑧ しんちょうで	・	・	かしこい	・	・	商人
⑨ 熱心で	・	・	真面目《まじめ》な	・	・	旅人
⑩ せっかちで	・	・	器用な	・	・	ドラゴン
⑪ ひかえめで	・	・	用心《ようじん》深い	・	・	モンスター

[　　　　　　　　] が登場する物語

32

新聞を書こう ①

名前

✿ 新聞で使われる言葉と、その言葉の説明を線で結びましょう。

① 見出し ・　　・ ㋐ 記事の題。内容《ないよう》を一目で分かるように、短い言葉で表す。

② リード文 ・　　・ ㋑ 社会・世の中の出来事や話題について書かれた文章・記事。

③ 本文 ・　　・ ㋒ 出来事のくわしい内容。

④ コラム ・　　・ ㋓ 記事の内容を短くまとめたもの。長い本文の前につけられる。

⑤ 面 ・　　・ ㋔ 新聞の名前の部分。

⑥ 題字 ・　　・ ㋕ 新聞のページのよびかた。（社会面、スポーツ面など）

32 新聞を書こう ②

名前

新聞について、□に当てはまる言葉を□から選んで書きましょう。

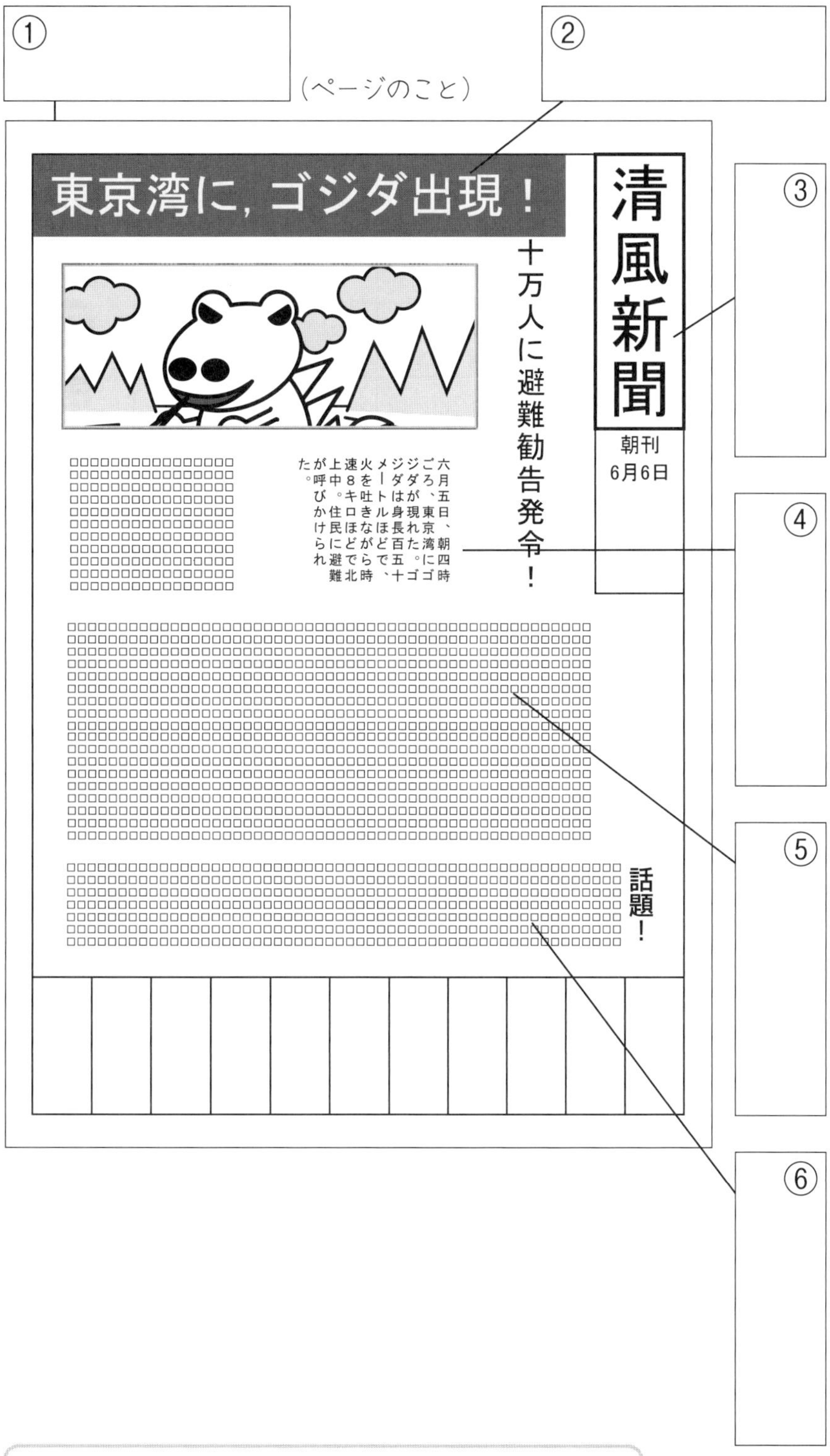

①
（ページのこと）

③
（新聞の名前）
④
⑤
⑥
東京湾に，ゴジダ出現！
十万人に避難勧告発令！
清風新聞
朝刊
6月6日
六月五日、朝四時ごろ、東京湾にゴジダが現れた。ゴジダは身長百五十メートルほどで、火を吐きながら時速8キロほどで北上中。住民に避難が呼びかけられた。
話題！

面　見出し　題字　リード　本文　コラム

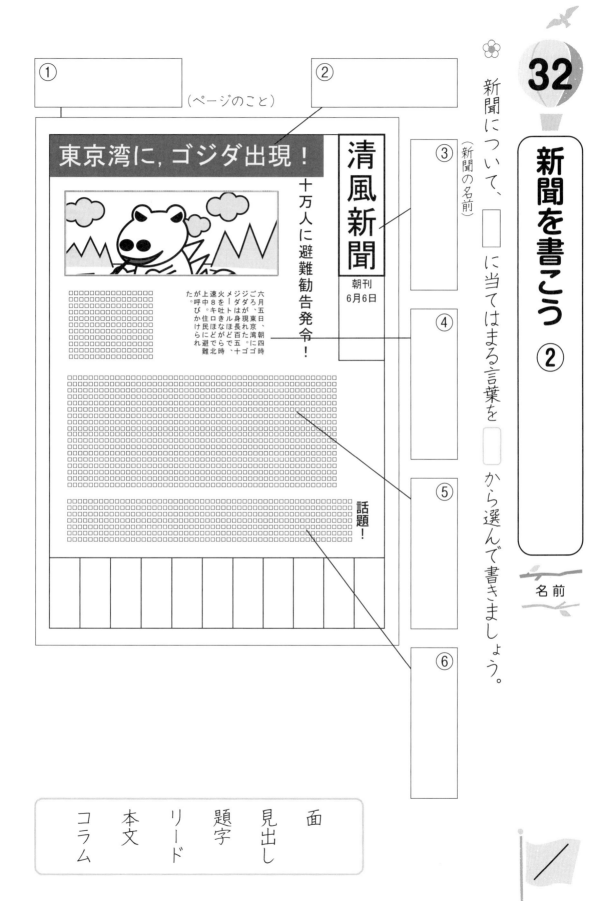

33 四季の俳句 ①

名前

五・七・五で、春の俳句《はいく》をつくってみましょう。

①

②

③

④

ヒント 五、七

さくらさく　こいのぼり　かしわもち　いちねんせいの　おたまじゃくしが
いいてんき　さいている　かえるとぶ　えがおみせあう　えんそくいって
すみれさく　おぼろづき　やまわらう　かぜきるように　みんなでたべる
はるがすみ　くさのうえ　つばめとぶ　つばきのはなに　てるてるぼうず
あどけなさ　おべんとう　ひなまつり　かわいいはなが　てとてをつなぎ

むずかしいときは、ヒントの五、七を参考にしましょう。

33 四季の俳句 ②

名前

五・七・五で、夏の俳句《はいく》をつくってみましょう。

①

②

③

④

ヒント 五、七

かぶとむし　れいぞうこ　つばめのこ　はなびのように　プールびらきの

ふうりんの　かきごおり　あじさいの　えがおみせあう　しぜんのなかで

なつのそら　プチトマト　ひとおよぎ　じりじりじりと　アメンボおよぐ

にじがでる　あせをかく　セミのこえ　ひかげにいても　てるてるぼうず

なつやすみ　みずあそび　はなびまう　むぎわらぼうし　ひえたスイカと

しゃ、しゅ、しょ、ちゃ、ちゅ、ちょ、でっなどは一文字で数えます。

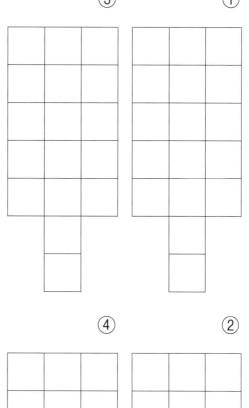

33 四季の俳句 ③

名前

五・七・五で、秋の俳句《はいく》をつくってみましょう。

①

②

③

④

ヒント 五、七

おちばまう　ぜんりょくで　えんそくで　あかきちゃいろの　グラウンドいっぱい
うろこぐも　いちょうのは　ハロウィンで　あかにそまって　おうえんがっせん
いわしぐも　もみじのは　うんどうかい　やまぜんたいも　ながいゆうひが
あきのそら　かえでのは　かおりたつ　もみじのしたを　きんもくせいの
あきのかぜ　あきばれの　サンマやく　あかいトンネル　だれもがいちい

のばす音「ー」や「ん」も一文字で数えます。

33 四季の俳句 ④

名前

五・七・五で、冬の俳句《はいく》をつくってみましょう。

①

②

③

④

ヒント 五、七

ふゆのあさ
ゆきだるま
おとしだま
としこしそばと
まめをなげなげ

おおみそか
おにはそと
ふくはうち
おぞうにたべて
なべのはくさい

ゆきげしょう
おおそうじ
おしょうがつ
ヒューヒューと
サンタクロース

はつゆきや
クリスマス
ねんがじょう
てあしかじかむ
みんなそろって

しんしんと
じょやのかね
はつもうで
こたつにはいり
まどのそとには

ヒントから
いくつか選び、
つくることも
できます。

34 書き出しダッシュ ①

名前

書き出しに続けて、文を書きましょう。

① 印象深い（　　　）

② ほれぼれする（　　　）

③ 安らぐ（かおり　　　）

④ 気を静める（　　　）

⑤ 気が軽くなる（　　　）

⑥ 満ち足りる（　　　）

⑦ 息をのむ（　　　）

⑧ うろたえる（　　　）

⑨ あたふたする（　　　）

⑩ まごつく（　　　）

⑪ しんみりする（　　　）

⑫ もの悲しい（　　　）

34 書き出しダッシュ ②

名前

書き出しに続けて、文を書きましょう。

① 電車にはだれも乗っていなかった。なぜなら、

② 小さなカエルが手紙を見せてくれた。その手紙には、

③ 古いつぼを開けると、中からよう精《せい》が出てきた。そして、

35 五十マス作文

名前

✿「いつ」、「どこで」、「だれと」、「なにをした」を考え、作文を書きましょう。

□いつ？（　　　　　）
□どこ？（　　　　　）
□だれと？（　　　　　）
□なにを？（　　　　　）

×

15
30
45
50
60

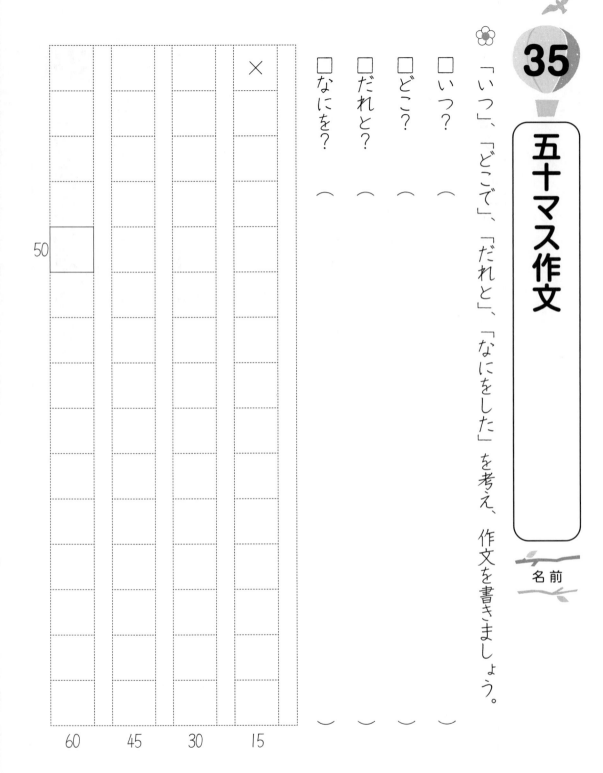

35

百マス作文

名前

「いつ」、「どこで」、「だれと」、「なにをした」を考え、作文を書きましょう。

×

50

100

105 90 75 60 45 30 15

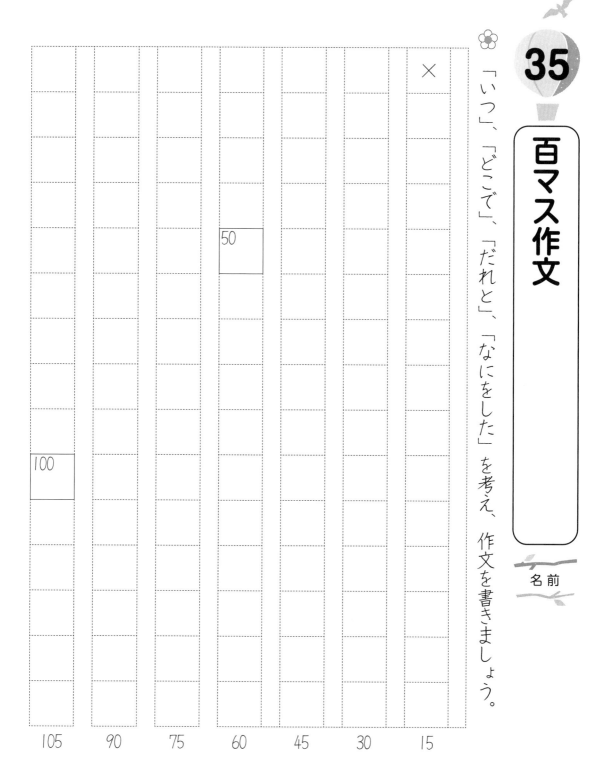

36 学習言葉 ①

名前

✿ 学習で使う言葉と、その意味を線で結びましょう。

① 要約 ・ ・ ㋐ 話などの中心となる大事なところ。

② 要旨《ようし》 ・ ・ ㋑ 目的や必要に応《おう》じて、話・本・文章の内容《ないよう》を短くまとめること。

③ 要点 ・ ・ ㋒ 筆者の伝えたいこと、考えの中心となること。（文章の終わりに着目する）

④ 出典 ・ ・ ㋓ 話や文章の中で、引用したり、参考にしたりした本や、資料《しりょう》などのこと。

⑤ 主張《しゅちょう》 ・ ・ ㋔ 考えや主張のもとになるもの。

⑥ 根きょ ・ ・ ㋕ 物事や考え方を説明するために挙げられる、具体的な事実。

⑦ 事例 ・ ・ ㋖ 自分の意見や思いを他の人にうったえること。

36 学習言葉 ②

名前

❀ 学習で使う言葉と、その意味を線で結びましょう。

① 心情《しんじょう》 ・　・ ㋐ 物語を通してえがかれる人物の性格《せいかく》やものの見方、考え方などの特ちょう。

② 人物像《じんぶつぞう》 ・　・ ㋑ 人物が感じたり考えたりしていること。

③ 構成《こうせい》 ・　・ ㋒ 物語の中で、中心となる人物のものの見方、考え方や人物どうしの関係が大きく変わるところ。

④ 山場 ・　・ ㋓ 人物の心情とひびき合うようにえがかれた風景や様子。

⑤ 情景《じょうけい》 ・　・ ㋔ 説明文では文やだん落、物語文では場面のつながりや関係の結び付き方。

⑥ 設定《せってい》 ・　・ ㋕ 作品の題。登場人物や重要なアイテム、作品中の重要文などが題になったりする。

⑦ 題名 ・　・ ㋖ 時、場所、人物など、物語全体に関わること。

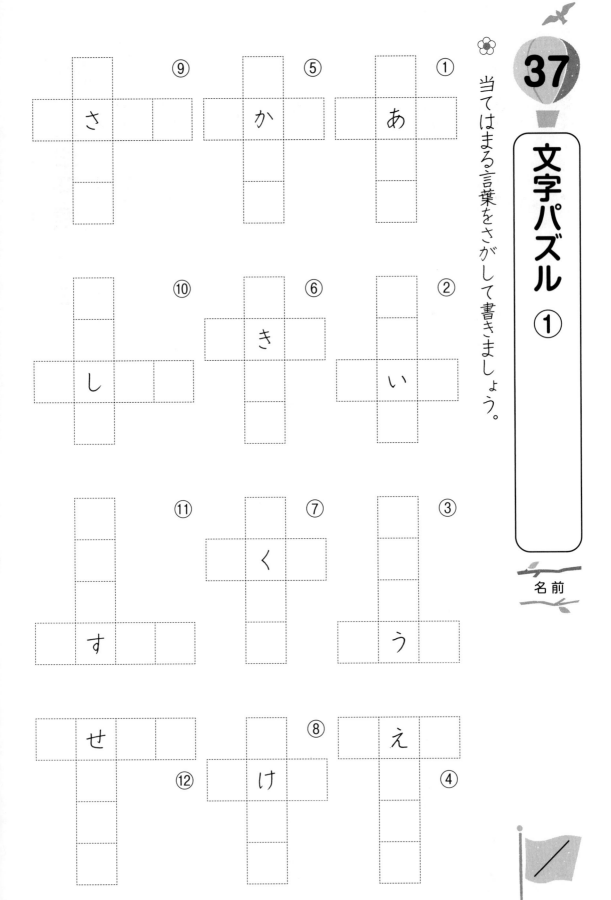

37 文字パズル ①

名前

当てはまる言葉をさがして書きましょう。

① あ

② い

③ う

④ え

⑤ か

⑥ き

⑦ く

⑧ け

⑨ さ

⑩ し

⑪ す

⑫ せ

37 文字パズル ②

名前

当てはまる言葉をさがして書きましょう。

①　た

②　ち

③　つ

④　て

⑤　な

⑥　に

⑦　ぬ

⑧　ね

⑨　の

⑩　ま

⑪　み

38 使ってみよう ①

名前

✿ 言葉を自由に線で結んで、組み合わせを試してみましょう。

(1)

① 快《こころよ》い ・ ・ 動物

② 軽快《けいかい》な ・ ・ 家族

③ ほほえましい ・ ・ 乗り物

④ ほれぼれする ・ ・ 小説

⑤ 会心の ・ ・ 作品

⑥ ときめく ・ ・ えい画

⑦ 共感できる ・ ・ コレクション

⑧ 熱を上げる ・ ・ タレント

⑨ こみ上げる ・ ・ 出来事

⑩ むねにひびく ・ ・ 気持ち

⑪ むねがすく ・ ・ 演技《えんぎ》

(2)

① 印象深い ・ ・ 生き物

② 気に留《と》める ・ ・ 風景

③ 安らぐ ・ ・ ゲーム

④ 気を静める ・ ・ イラスト

⑤ 声がはずむ ・ ・ まん画

⑥ むねが高なる ・ ・ アニメ

⑦ 引かれる ・ ・ 話

⑧ 顔を赤らめる ・ ・ 歌手

⑨ 張《は》りつめる ・ ・ 事件《じけん》

⑩ 思い出深い ・ ・ 思い

⑪ 気おくに残る ・ ・ 曲

38 使ってみよう ②

名前

✿ 言葉を自由に線で結んで、組み合わせを試してみましょう。

(1)

① 気が軽くなる ・ ・ 言葉
② 満ち足りる ・ ・ 食事
③ 心強い ・ ・ 友人
④ 息をのむ ・ ・ 場面
⑤ うろたえる ・ ・ 主人公
⑥ あたふたする ・ ・ 敵《てき》
⑦ まごつく ・ ・ 女の子
⑧ いら立つ ・ ・ 男の子
⑨ しんみりする ・ ・ お話
⑩ 気が進まない ・ ・ たのみ
⑪ もの悲しい ・ ・ 手紙

(2)

① あわれな ・ ・ ペット
② 気の毒《どく》な ・ ・ 家族
③ 息苦しい ・ ・ 空気
④ むねがいたむ ・ ・ 災害《さいがい》
⑤ いたいたしい ・ ・ ニュース
⑥ めんどうな ・ ・ 作業
⑦ うんざりする ・ ・ 仕事
⑧ とまどう ・ ・ 二人
⑨ 不気味な ・ ・ 家
⑩ いまいましい ・ ・ 声
⑪ しらける ・ ・ 相手

5年生　答え

【P．4】1．一まいの絵から物語①

（解答例）

いつ？……未来、天気のいい日、お昼　など

どこ？……動物だけの星、草原、山の近く　など

だれ？……ウサギの旅人、鳥の友達、スライム　など

どんな気持ち？……ワクワク、ドキドキ　など

【P．5】1．一まいの絵から物語②

答え　省略

【P．6】2．発想ツール①

（解答例）

①　電車　②　新幹線　③　飛行機　④　ヘリコプター

⑤　船　⑥　バス　⑦　タクシー　⑧　自転車

【P．7】2．発想ツール②

鳥……タカ、カモメ、カラス、ハト

動物…トラ、ライオン、ゾウ、カバ

魚……カツオ、マグロ、サバ、タイ

【P．8】2．発想ツール③

（解答例）

金属…………ジュースかん、なべ、フライパン、スプレーかん

プラスチック…ペットボトル、トレイ、ストロー、ビニールぶくろ

紙……………新聞、雑し、チラシ、牛にゅうパック

【P．9】2．発想ツール④

（解答例）

野菜……キャベツ、レタス、ダイコン、ニンジン

果物……イチゴ、メロン、バナナ、リンゴ

飲み物…緑茶、こう茶、牛にゅう、水

【P．10】3．どんどん書き！①

（解答例）

カブトムシ、セミ、クワガタ、カマキリ、バッタ、コオロギ、

トンボ、アゲハチョウ、羽、たまご、虫かご　など

【P．11】3．どんどん書き！②

（解答例）

ハト、Vサイン、千羽づる、仲良し、安心、安全、のどか、

ピース、やすらぎ、友好、笑顔　など

【P．12】4．主語と述語①

（解答例）

(1)　①　飛ぶ　②　晴れる　③　ほえる

④　さく　⑤　走る　⑥　流れる

(2)　①　雨が　②　伝説のきょ人が　③　年月が

④　ばんご飯が　⑤　うさぎが　⑥　答えが

【P．13】4．主語と述語②

（解答例）

(1)　①　速い　②　楽しい　③　おいしい　④　あまい

⑤　大きい　⑥　強い

(2)　①　野菜が　②　音が　③　正体が　④　友人が

⑤　仕上げが　⑥　空気が

【P．14】4．主語と述語③

（解答例）

(1)　①　好物だ　②　動物だ　③　ペットだ　④　こん虫だ

⑤　両生類だ　⑥　飲み物だ

(2)　①　第一発見者が　②　彼が　③　今が　④　信号が

⑤　父さんが　⑥　メートルが

【P.15】4. 主語と述語④修飾語

（解答例）

(1) ① 光る　② 美しい　③ 夏の　④ 買った
⑤ 今日の　⑥ そのうち

(2) ① 近所に　② 大空を　③ すごく　④ きれいに
⑤ はげしく　⑥ ゆっくり

【P.16】5. オノマトペ作文①

（解答例）

① 校舎がどんどん高く持ち上げられていく。もう下の方はかすんで見えない。「どうなってしまうんだ。」

② 足下がどんどんくずれていく。ぼくたちはあわてて道を引き返し、その間もどんどんくずれ落ちてくる。

③ とびらを開けると、まばゆいばかりにかがやくお宝が、ぎっしりと積み上げられていた。

【P.17】5. オノマトペ作文②

答え　省略

【P.18】6. 体言止め体験①

① 笑ったジョニー　② にげたタマ　③ のぼる太陽
④ 羽ばたくペンギン　⑤ ほえるオオカミ

【P.19】6. 体言止め体験②

① 高い富士山　② 積もる雪　③ 待ち遠しい遠足
④ まぶしい朝日　⑤ 美しい熱帯魚

【P.20】7. 入れかえ倒置法①

① むずかしい、数学は　② 山積みだ、問題は
③ 現れた、ネッシーが　④ 立った、ヨーゼフが
⑤ 勝った、赤組が

【P.21】7. 入れかえ倒置法②

① ハンバーグだ、一番好きなのは　② 続けることだ、大切なのは
③ 人生が変わる、行動すれば

【P.22】8. 常体と敬体①

① ました　② りました　③ りました　④ あります
⑤ ます　⑥ ありません　⑦ ません　⑧ みました

【P.23】8. 常体と敬体②

① た　② だ　③ った　④ ある
⑤ く　⑥ ない　⑦ ない　⑧ んだ

【P.24】9. 敬語のいろいろ①

① お待ちになる　② お買いになる　③ おわかりになる
④ お待ちする　⑤ 買わせていただく　⑥ かしこまる

【P.25】9. 敬語のいろいろ②

(1) ① 帰られた　② お話しになる　③ お告げになる
(2) ① お見送りする　② お会いする　③ お招きする

【P.26】9. 敬語のいろいろ③尊敬語

① おっしゃる　② めし上がる　③ ごらんになる
④ いらっしゃる　⑤ なさる　⑥ 思われる
⑦ 行かれる　⑧ おられる

【P.27】9. 敬語のいろいろ④けんじょう語

① 申し上げる　② いただく　③ はい見する
④ さし上げる　⑤ いたします　⑥ ぞんじます
⑦ うかがう　⑧ まいる

【P.28】10. 言葉の仲間分け①

名詞……うさぎ、からす、スイカ、風、フランス、バス、パン、一年生
動詞……はねる、飛ぶ、わる、ふく、行く、乗る、食べる、笑う
形容詞…白い、黒い、あまい、強い、遠い、速い、おいしい、新しい

【P.29】10. 言葉の仲間分け②

形容詞……赤い、美しい、強い、正しい、明るい、近い、すずしい、まぶしい

形容動詞…元気だ、りっぱだ、幸せだ、きれいだ、
静かだ、みごとだ、不思議だ、なごやかだ
副詞……ゆっくり、ガタガタ、ぐっすり、ずっしり、
めっきり、ぐんぐん、ケロケロ、ぼろぼろ

【P.30】11.文の分解①

(1) ① わたしがゴーヤーを植えた
② そのゴーヤーが実った
(2) ① わたしが作文を書いた
② その作文が入賞した

【P.31】11.文の分解②

(1) ① わたしがドラゴンを育てた
② そのドラゴンが空を飛んだ
(2) ① ボビーが歌を作った
② その歌が大ヒットした

【P.32】12.漢字の部首①

① うかんむり ② そうにょう ③ るまた
④ あめかんむり ⑤ しんにょう ⑥ ふるとり
⑦ くさかんむり ⑧ れっか ⑨ おおがい
⑩ たけかんむり ⑪ こころ ⑫ おおざと
⑬ あなかんむり ⑭ なべぶた ⑮ ふしづくり

【P.33】12.漢字の部首②

① ころもへん ② てへん ③ かねへん
④ しめすへん ⑤ のぎへん ⑥ ごんべん
⑦ さんずい ⑧ きへん ⑨ おいかんむり
⑩ にすい ⑪ こざとへん ⑫ もんがまえ
⑬ ぎょうにんべん ⑭ にんべん ⑮ くにがまえ

【P.34】12.漢字の部首③

① しょくへん ② つちへん ③ のぶん
④ いとへん ⑤ がんだれ ⑥ かける
⑦ にくづき ⑧ まだれ ⑨ また
⑩ ひへん ⑪ やまいだれ ⑫ かたな
⑬ こめへん ⑭ すん ⑮ りっとう

【P.35】12.漢字の部首④

（解答例）
① 故 ② 役 ③ 編 ④ 因 ⑤ 複 ⑥ 招
⑦ 応 ⑧ 次 ⑨ 雑 ⑩ 容 ⑪ 起 ⑫ 祖
⑬ 移 ⑭ 飼 ⑮ 収 ⑯ 領 ⑰ 電 ⑱ 適
⑲ 河 ⑳ 検 ㉑ 確 ㉒ 初 ㉓ 都 ㉔ 芸
㉕ 無 ㉖ 冷 ㉗ 防 ㉘ 肥 ㉙ 効 ㉚ 印
㉛ 管 ㉜ 態 ㉝ 徳 ㉞ 鉱 ㉟ 燃 ㊱ 制
㊲ 付 ㊳ 究 ㊴ 京 ㊵ 仏 ㊶ 護 ㊷ 精

【P.36】13.訓読み漢字①

① 任せる ② 解く ③ 防ぐ ④ 現れる
⑤ 燃す ⑥ 貧しい ⑦ 飼う ⑧ 留まる
⑨ 移る ⑩ 似る ⑪ 許す ⑫ 易しい
⑬ 情け ⑭ 修める ⑮ 粉

【P.37】13.訓読み漢字②

① 囲む ② 常 ③ 構える ④ 告げる
⑤ 述べる ⑥ 墓 ⑦ 確かめる ⑧ 在る
⑨ 過ぎる ⑩ 備える ⑪ 支える ⑫ 幹
⑬ 応える ⑭ 任す ⑮ 混ぜる

【P.38】13.訓読み漢字③

① 測る ② 肥やす ③ 破れる ④ 貸す
⑤ 暴れる ⑥ 得る ⑦ 混む ⑧ 編む
⑨ 居る ⑩ 設ける ⑪ 絶やす ⑫ 桜
⑬ 厚い ⑭ 張る ⑮ 経る

【P.39】13. 訓読み漢字④

①示す ②増える ③余る ④逆らう
⑤迷う ⑥仏 ⑦比べる ⑧独り
⑨務める ⑩過ごす ⑪夢 ⑫移す
⑬勢い ⑭寄る ⑮罪

【P.40】13. 訓読み漢字⑤

①志す ②保つ ③備わる ④永い
⑤確か ⑥境 ⑦久しい ⑧構う
⑨布 ⑩営む ⑪断る ⑫減らす
⑬妻 ⑭効く ⑮再び

【P.41】13. 訓読み漢字⑥

①増す ②築く ③救う ④限る
⑤仮 ⑥現す ⑦責める ⑧混じる
⑨肥える ⑩解ける ⑪額 ⑫喜ぶ
⑬織る ⑭殺す ⑮慣れる

【P.42】13. 訓読み漢字⑦

①造る ②耕す ③採る ④絶つ
⑤留める ⑥豊か ⑦綿 ⑧険しい
⑨快い ⑩枝 ⑪型 ⑫燃やす
⑬破る ⑭逆さま ⑮率いる

【P.43】13. 訓読み漢字⑧

①志 ②慣らす ③寄せる ④導く
⑤減る ⑥囲う ⑦増やす ⑧招く
⑨絶える ⑩務まる ⑪河 ⑫余す
⑬混ざる ⑭燃える ⑮肥やし

【P.44】14. 書き分け同音異義語①

①㋐工作 ㋑耕作 ②㋐講演 ㋑公演
③㋐解答 ㋑回答 ④㋐正体 ㋑招待
⑤㋐保健 ㋑保険 ⑥㋐再開 ㋑再会

【P.45】14. 書き分け同音異義語②

①㋐以外 ㋑意外 ②㋐電気 ㋑伝記
③㋐対象 ㋑対照 ④㋐期待 ㋑気体
⑤㋐最新 ㋑細心 ⑥㋐生死 ㋑静止

【P.46】14. 書き分け同音異義語③

①㋐児童 ㋑自動 ②㋐増加 ㋑造花
③㋐週間 ㋑習慣 ④㋐態勢 ㋑体勢
⑤㋐協力 ㋑強力 ⑥㋐暴風 ㋑防風

【P.47】14. 書き分け同音異義語④

①㋐天候 ㋑転校 ②㋐鉱物 ㋑好物
③㋐効果 ㋑高価 ④㋐指示 ㋑支持
⑤㋐進行 ㋑親交 ⑥㋐資料 ㋑飼料

【P.48】15. 特別な読み方①

①あす ②とけい ③ひとり ④きのう
⑤ついたち ⑥ふたり ⑦きょう ⑧ふつか
⑨おとな ⑩ことし ⑪はつか ⑫かあさん
⑬けさ ⑭たなばた ⑮とうさん

【P.49】15. 特別な読み方②

①ともだち ②へや ③かわら ④にいさん
⑤やおや ⑥まじめ ⑦ねえさん ⑧くだもの
⑨まっか ⑩まいご ⑪けしき ⑫まっさお
⑬てつだう ⑭しみず ⑮じょうず

【P.50】16. 意味読み四字熟語①

①―㋒ ②―㋓ ③―㋐ ④―㋑
⑤―㋖ ⑥―㋗ ⑦―㋔ ⑧―㋕

【P.51】16. 意味読み四字熟語②

①―㋔ ②―㋖ ③―㋒ ④―㋗

⑤—㋑　⑥—㋓　⑦—㋐　⑧—㋕

【P.52】17. 漢字クロス①
①現　②態　③舎　④任　⑤際　⑥飼

【P.53】17. 漢字クロス②
①情　②象　③技　④格　⑤像　⑥解

【P.54】17. 漢字クロス③
①複　②許　③銅　④術　⑤興　⑥可

【P.55】17. 漢字クロス④
①修　②検　③告　④復　⑤防　⑥移

【P.56】17. 漢字クロス⑤
①賞　②確　③報　④易　⑤質　⑥容

【P.57】17. 漢字クロス⑥
①備　②河　③適　④識　⑤応　⑥在

【P.58】17. 漢字クロス⑦
①過　②測　③禁　④災　⑤幹　⑥雑

【P.59】17. 漢字クロス⑧
①常　②酸　③設　④属　⑤資　⑥素

【P.60】17. 漢字クロス⑨
①厚　②留　③破　④総　⑤暴　⑥絶

【P.61】17. 漢字クロス⑩
①居　②経　③勢　④製　⑤示　⑥比

【P.62】17. 漢字クロス⑪
①歴　②職　③寄　④迷　⑤独　⑥個

【P.63】17. 漢字クロス⑫
①仏　②祖　③永　④余　⑤眼　⑥謝

【P.64】17. 漢字クロス⑬
①精　②状　③程　④営　⑤保　⑥件

【P.65】17. 漢字クロス⑭
①判　②減　③増　④評　⑤境　⑥護

【P.66】17. 漢字クロス⑮
①責　②授　③織　④限　⑤均　⑥脈

【P.67】17. 漢字クロス⑯
①仮　②故　③液　④基　⑤接　⑥規

【P.68】17. 漢字クロス⑰
①義　②版　③講　④救　⑤犯　⑥慣

【P.69】17. 漢字クロス⑱
①造　②綿　③輸　④制　⑤型　⑥費

【P.70】17. 漢字クロス⑲
①耕　②険　③採　④衛　⑤損　⑥務

【P.71】17. 漢字クロス⑳
①豊　②率　③領　④快　⑤混　⑥導

【P.72】18. 漢字熟語づくり①
①辞任　任務　②表現　実現　③態度　容態
④国際　実際　⑤格式　格好　⑥心情　情熱
⑦映像　想像　⑧象形　印象　⑨解決　解答
⑩技術　技量　⑪複雑　複数　⑫復興　興味

【P.73】18. 漢字熟語づくり②
①特許　許容　②許可　不可　③防戦　防災
④移住　移動　⑤修得　修復　⑥銀河　河口
⑦潔白　清潔　⑧安易　貿易　⑨検出　検査
⑩告示　告白　⑪報復　報告　⑫性質　質量

【P.74】18. 漢字熟語づくり③
①準備　備考　②金属　所属　③内容　容器
④述語　記述　⑤勝因　因果　⑥対応　応用
⑦例外　事例　⑧料理　材料　⑨実在　在任

⑩ 支店　支給　⑪ 留学　留守　⑫ 適当　適度

【P.75】18. 漢字熟語づくり④

① 通過　過信　② 接続　直接　③ 構造　構成
④ 雑念　雑多　⑤ 混成　混同　⑥ 主幹　幹事
⑦ 機能　本能　⑧ 目測　予測　⑨ 戦略　略図
⑩ 夜桜　葉桜　⑪ 常温　常習　⑫ 一句　句点

【P.76】18. 漢字熟語づくり⑤

① 物資　資本　② 考査　調査　③ 序文　序曲
④ 開設　仮設　⑤ 停止　停留　⑥ 酸欠　酸味
⑦ 厚着　厚手　⑧ 総勢　総画　⑨ 要素　素顔
⑩ 武道　武士　⑪ 往来　往路　⑫ 宿舎　校舎

【P.77】18. 漢字熟語づくり⑥

① 週刊　新刊　② 出演　公演　③ 肥大　肥料
④ 功績　成績　⑤ 鉱物　鉱山　⑥ 暴食　暴風
⑦ 編集　短編　⑧ 航海　出航　⑨ 鉄製　製造
⑩ 破談　破線　⑪ 出張　主張　⑫ 根絶　絶品

【P.78】18. 漢字熟語づくり⑦

① 花弁　弁当　② 住居　転居　③ 得意　得点
④ 指示　表示　⑤ 政府　政治　⑥ 神経　経験
⑦ 包囲　周囲　⑧ 比例　対比　⑨ 反逆　逆転
⑩ 歴代　歴史　⑪ 職業　職員　⑫ 大勢　勢力

【P.79】18. 漢字熟語づくり⑧

① 悪夢　夢中　② 迷走　迷路　③ 招集　招待
④ 提案　提示　⑤ 個別　個人　⑥ 独立　独自
⑦ 仏像　念仏　⑧ 余計　余分　⑨ 寄宿　寄付
⑩ 祖母　祖先　⑪ 財力　財産　⑫ 着眼　眼科

【P.80】18. 漢字熟語づくり⑨

① 意志　志望　② 永遠　永久　③ 謝礼　謝罪
④ 指導　導入　⑤ 建物　建国　⑥ 消毒　毒素
⑦ 営業　運営　⑧ 妻子　夫妻　⑨ 精力　精神
⑩ 条例　条件　⑪ 状態　現状　⑫ 保育　保管

【P.81】18. 漢字熟語づくり⑩

① 過程　程度　② 評価　価格　③ 判定　判断
④ 伝統　統計　⑤ 賛同　賛成　⑥ 有効　効果
⑦ 減少　加減　⑧ 配布　分布　⑨ 国境　境界
⑩ 増水　増加　⑪ 再会　再建　⑫ 保護　養護

【P.82】18. 漢字熟語づくり⑪

① 期限　限定　② 重責　責任　③ 証人　証言
④ 葉脈　山脈　⑤ 紀行　紀元　⑥ 平均　均等
⑦ 公務　事務　⑧ 豊富　豊漁　⑨ 教授　授業
⑩ 圧力　水圧　⑪ 建築　築城　⑫ 組織　織物

【P.83】18. 漢字熟語づくり⑫

① 新旧　旧道　② 全額　高額　③ 講義　講師
④ 仮定　仮説　⑤ 貯水　貯金　⑥ 定規　規則
⑦ 救助　救命　⑧ 婦人　夫婦　⑨ 血液　液体
⑩ 殺気　殺意　⑪ 意義　正義　⑫ 墓場　墓地

【P.84】18. 漢字熟語づくり⑬

① 出版　版画　② 利益　有益　③ 領海　領土
④ 保険　険悪　⑤ 性質　性格　⑥ 防犯　犯罪
⑦ 典型　原型　⑧ 制度　体制　⑨ 習慣　慣例
⑩ 綿糸　綿花　⑪ 採血　採集　⑫ 破損　損害

【P.85】18. 漢字熟語づくり⑭

① 消費　費用　② 小枝　枝先　③ 税金　減税
④ 衛星　衛生　⑤ 輸入　輸送　⑥ 団結　団体
⑦ 粉末　花粉　⑧ 快晴　快勝　⑨ 確率　倍率
⑩ 燃料　燃費　⑪ 喜色　悲喜　⑫ 食堂　本堂

【P.86】19. 和語・漢語・外来語①

和語……夏、青空、海、上着、美しい、青い
漢語……道路、黒板、衣服、牛肉、学校、太陽
外来語…アイデア、ピアノ、シャツ、テレビ、サッカー、ペン

【P.87】19. 和語・漢語・外来語②

(1)
① 和語…かざぐるま　漢語…フウシャ
② 和語…きのう　漢語…サクジツ
③ 和語…みもの　漢語…ケンブツ
④ 和語…いろがみ　漢語…シキシ
⑤ 和語…としつき　漢語…ネンゲツ
⑥ 和語…くさはら　漢語…ソウゲン
⑦ 和語…いちば　漢語…シジョウ
⑧ 和語…いけばな　漢語…セイカ

(2)
漢語……朝食
外来語…モーニング・セット、ランチ、ディナー
① 昼ごはん　② 昼食　③ 夕食

【P.88】20. 漢字の成り立ち①

象形文字…馬、火、糸、魚、心、水
指示文字…下、上、中、一、二、三
会意文字…鳴、明、森、林、休、信
形声文字…草、持、花、町、晴、校

【P.89】20. 漢字の成り立ち②

(解答例)
① 時、持　② 復、複　③ 晴、精　④ 校、効
⑤ 花、貨　⑥ 講、構　⑦ 記、紀　⑧ 遠、園

【P.90】21. ローマ字で書こう①

① 北海道―Hokkaidô
② 青森―Aomori
③ 岩手―Iwate
④ 宮城―Miyagi
⑤ 秋田―Akita
⑥ 山形―Yamagata
⑦ 福島―Fukushima

【P.91】21. ローマ字で書こう②

⑧ 茨城―Ibaraki
⑨ 栃木―Tochigi
⑩ 群馬―Gumma
⑪ 埼玉―Saitama
⑫ 千葉―Chiba
⑬ 東京―Tôkyô
⑭ 神奈川―Kanagawa

【P.92】21. ローマ字で書こう③

⑮ 新潟―Niigata
⑯ 富山―Toyama
⑰ 石川―Ishikawa
⑱ 福井―Fukui
⑲ 山梨―Yamanashi
⑳ 長野―Nagano
㉑ 岐阜―Gifu
㉒ 静岡―Shizuoka
㉓ 愛知―Aichi

【P.93】21. ローマ字で書こう④

㉔ 三重—Mie
㉕ 滋賀—Shiga
㉖ 京都—Kyôto
㉗ 大阪—Ôsaka
㉘ 兵庫—Hyôgo
㉙ 奈良—Nara
㉚ 和歌山—Wakayama

【P.94】21. ローマ字で書こう⑤

㉛ 鳥取—Tottori
㉜ 島根—Shimane
㉝ 岡山—Okayama
㉞ 広島—Hiroshima
㉟ 山口—Yamaguchi
㊱ 徳島—Tokushima
㊲ 香川—Kagawa
㊳ 愛媛—Ehime
㊴ 高知—Kôchi

【P.95】21. ローマ字で書こう⑥

㊵ 福岡—Fukuoka
㊶ 佐賀—Saga
㊷ 長崎—Nagasaki
㊸ 熊本—Kumamoto
㊹ 大分—Ôita
㊺ 宮崎—Miyazaki
㊻ 鹿児島—Kagoshima
㊼ 沖縄—Okinawa

【P.96】22. 複合語①

(1) ① 魚市場　② 墓参り
(2) ① 待ち時間　② 子ども料金
(3) ① 紙コップ　② 塩バター

【P.97】22. 複合語②

(1) ① 消費税　② 農耕地帯
(2) ① コーンスープ　② カレーライス
(3) ① ピアノ教室　② 消しゴム

【P.98】23. 季節の言葉①

春…寒のもどり、うららか、春がすみ、のどか、花ぐもり、春雨、風光る、菜種梅雨、土筆、おぼろ月
秋…十六夜、星月夜、弓張月、望月、秋の夜長、秋晴れ、虫の音、さわやか、冬支度、紅葉前線

【P.99】23. 季節の言葉②

夏…西日、入道雲、炎天、梅雨明け、雲のみね、五月雨、入梅、夕立、麦秋、熱帯夜
冬…北風、氷点下、からっ風、雪げしょう、寒波、つらら、初雪、しも柱、春一番、冬将軍

【P.100】24. 慣れよう！ 慣用句①

① —㋐　② —㋗　③ —㋕　④ —㋒
⑤ —㋖　⑥ —㋑　⑦ —㋓　⑧ —㋔

【P.101】24. 慣れよう！ 慣用句②

① —㋑　② —㋗　③ —㋓　④ —㋒
⑤ —㋖　⑥ —㋐　⑦ —㋕　⑧ —㋔

【P.102】24. 慣れよう！ 慣用句③

① —㋗　② —㋖　③ —㋔　④ —㋓
⑤ —㋐　⑥ —㋒　⑦ —㋕　⑧ —㋑

【P.103】24. 慣れよう！ 慣用句④

① —㋕　② —㋔　③ —㋓　④ —㋑
⑤ —㋐　⑥ —㋖　⑦ —㋗　⑧ —㋒

【P.104】25．まちがいさがし①

（解答例）

一つ目　左の星の数が少ない
二つ目　地球が少し回転している
三つ目　空のＵＦＯの位置がちがう
四つ目　後ろのロボットの手の高さがちがう
五つ目　左の宇宙人の持っている物がちがう
六つ目　左下の宇宙人の目の向いている方向がちがう
七つ目　右の宇宙人の目の真ん中が白い

【P.105】25．まちがいさがし②

（解答例）

一つ目　ＵＦＯのまどの色がちがう
二つ目　右のテントのとびらが開いている
三つ目　ウサギの持っているぼうの長さがちがう
四つ目　右下のキャラクターの一人がねている
五つ目　右のカエルの持ち物がちがう
六つ目　左のカエルの持っているタオルの長さがちがう
七つ目　左から二本目の木がプテラノドンになっている

【P.106】26．三だん落作文①

（解答例）

〈お題〉笑顔の回転ずし

〈はじめ〉きのう、家族みんなで回転ずしに行きました。そのお店には、一か月に一回くらい行きます。

〈　中　〉わたしは、はじめにカッパまき、いなりずしを食べます。そのあと、にぎりずしをいろいろたのんでいきます。いつも食べるのはサーモンとウニとトロです。デザートも食べます。

〈終わり〉帰るときは、みんなが笑顔になっているので、とても幸せな気持ちになります。次に行くのが楽しみです。

【P.107】26．三だん落作文②

答え　省略

【P.108】27．意見と事実①

①〇　②×　③×　④〇　⑤×
⑥〇　⑦×　⑧〇

【P.109】27．意見と事実②

①〇　②×　③〇　④×　⑤〇
⑥×　⑦×　⑧〇

【P.110】28．原因と結果作文①

答え　省略

【P.111】28．原因と結果作文②

答え　省略

【P.112】29．どっちの意見文？①

（解答例）

〈チャイムがないほう〉

私は、チャイムがないほうがいいと思います。
なぜなら、自分のペースで生活を送ることができるからです。
たしかに、チャイムがあるほうが、合図があって行動しやすいかもしれません。
しかし、自分で行動する習慣が身につくので、しょう来のためにもチャイムがないほうがいいと思います。

【P.113】29．どっちの意見文？②
（解答例）

〈給食にはジュース〉

私は、給食にはジュースがいいと思います。

なぜなら、いろいろなジュースがあるので、好きなものを選べるからです。

たしかに、牛にゅうは、カルシウムなどが豊富かもしれません。

しかし、牛にゅうが飲めない人もたくさんいます。選たくしを増やすためにも給食にはジュースがいいと思います。

【P.114】30．四場面物語作文①
〈起〉ある日、ポチの散歩中、うちゅう人に会いました。
〈承〉うちゅう人は、ぼくとポチをうちゅう船に案内してくれました。
〈転〉しかし、うちゅう人はぼくたちを改造しようとしたのです。
〈結〉ぼくは、うちゅう人とたくさん話をして友だちになりました。

【P.115】30．四場面物語作文②
答え　省略

【P.116】31．人物キャラクターづくり①
答え　省略

【P.117】31．人物キャラクターづくり②
答え　省略

【P.118】32．新聞を書こう①
①―㋐　②―㋓　③―㋒
④―㋑　⑤―㋕　⑥―㋔

【P.119】32．新聞を書こう②
①面　②見出し　③題字　④リード　⑤本文　⑥コラム

【P.120】33．四季の俳句①
（解答例）
いいてんき　えんそくいって　おべんとう

【P.121】33．四季の俳句②
（解答例）
れいぞうこ　ひえたスイカと　かきごおり

【P.122】33．四季の俳句③
（解答例）
あきのそら　やまぜんたいも　うんどうかい

【P.123】33．四季の俳句④
（解答例）
ふゆのあさ　まどのそとには　ゆきだるま

【P.124】34．書き出しダッシュ①
答え　省略

【P.125】34．書き出しダッシュ②
答え　省略

【P.126】35．五十マス作文
答え　省略

【P.127】35．百マス作文
答え　省略

【P.128】36．学習言葉①
①―㋑　②―㋒　③―㋐　④―㋓
⑤―㋖　⑥―㋔　⑦―㋕

【P.129】36．学習言葉②
①―㋑　②―㋐　③―㋔　④―㋒
⑤―㋓　⑥―㋖　⑦―㋕

【P.130】37.文字パズル①

（解答例）

① どあのぶ（たて）／であい（よこ）
② かいいん（たて）／ほいく（よこ）
③ じんこう（たて）／ほうき（よこ）
④ かえで（よこ）／えきまえ（たて）
⑤ ちかしつ（たて）／とかい（よこ）
⑥ あきあき（たて）／できる（よこ）
⑦ たくらみ（たて）／いくら（よこ）
⑧ うけざら（たて）／とける（よこ）
⑨ あさめし（たて）／おさらい（よこ）
⑩ したしむ（たて）／たしざん（よこ）
⑪ あきなす（たて）／さすまた（よこ）
⑫ にせもの（よこ）／せんにん（たて）

【P.131】37.文字パズル②

（解答例）

① うた（よこ）／たいそう（たて）／うす（よこ）
② こぶ（よこ）／ぶんちん（たて）／ちか（よこ）
③ かお（よこ）／おつかれ（たて）／つる（よこ）
④ ごてごて（たて）／かてい（よこ）
⑤ あながち（たて）／いなり（よこ）
⑥ かにみそ（たて）／くに（よこ）／みり（よこ）
⑦ ちかい（たて）／いぬ（よこ）／ぬりえ（たて）
⑧ かきね（たて）／ひねり（よこ）／りく（たて）
⑨ あお（たて）／おの（よこ）／のはら（たて）／はし（よこ）
⑩ たか（たて）／かま（よこ）／まつり（たて）／りく（よこ）
⑪ かご（よこ）／ごみ（たて）／みせ（よこ）／せき（たて）／きり（よこ）

【P.132】38.使ってみよう①

自由解答　※どれと結んでも正解。

【P.133】38.使ってみよう②

自由解答　※どれと結んでも正解。

1日10分

読解力・表現力が身につく

国語ドリル　小学5年生

2023年4月10日　第1刷発行

著　者　藤《ふじ》原《わら》光《みつ》雄《お》

発行者　面屋　洋

企　画　清風堂書店

発行所　フォーラム・A

〒530-0056　大阪市北区兎我野町15-13
電話（06）6365-5606
FAX（06）6365-5607
振替 00970-3-127184
http://www.foruma.co.jp/
E-mail : forum-a@pop06.odn.ne.jp

制作編集担当・藤原幸祐・遠藤野枝

表紙デザイン・畑佐　実

印刷・㈱関西共同印刷所／製本・㈱髙廣製本

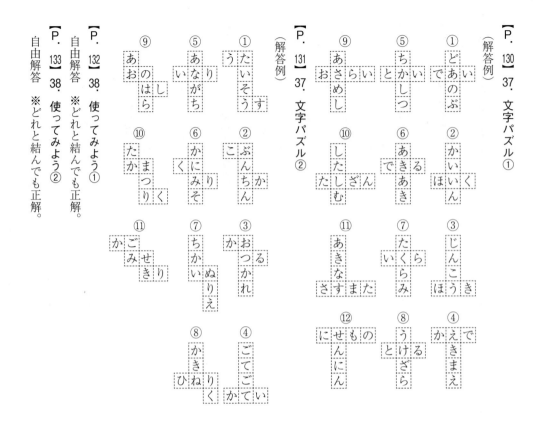